大数据时代背景下
媒体融合研究

胡靖宇　著

中国农业大学出版社
· 北京 ·

内容简介

本书在总结研究工作的基础上，阐述大数据时代背景下，以数字技术为基础，以网络为载体的新媒体发展过程以及科技期刊如何把握新媒体融合时代机遇。全书共分为 8 章，包括第 1 章绪论；第 2 章大数据时代媒体融合的理论前提，阐明了大数据与大数据时代的概念界定，从媒介融合到媒体融合的认知演进及概念辨析，媒体融合的主体及其关系辨析；第 3 章大数据时代媒体融合的逻辑、历史与现实；第 4 章大数据时代媒体融合的基础、动力与探索；第 5 章大数据时代媒体融合的竞争基石；第 6 章大数据时代媒体融合的编辑主体意识建构；第 7 章大数据时代媒体融合的著作权保护研究；第 8 章大数据时代媒体融合的困境、模式与路径，试图建立由浅入深的媒体融合发展过程以及顺应时代发展的要求。

本书供科技期刊及科技图书编辑人员，编辑出版研究者、管理者，高校出版专业的师生等参考使用。

图书在版编目(CIP)数据

大数据时代背景下媒体融合研究 / 胡靖宇著. —北京：中国农业大学出版社，2020.5(2020.12 重印)

ISBN 978-7-5655-2345-8

Ⅰ.①大…　Ⅱ.①胡…　Ⅲ.①传播媒介－发展－研究－中国
Ⅳ.①G219.2

中国版本图书馆 CIP 数据核字(2020)第 058226 号

书　　名　大数据时代背景下媒体融合研究
作　　者　胡靖宇　著

策划编辑　康昊婷　　**责任编辑**　韩元凤
封面设计　郑　川
出版发行　中国农业大学出版社
社　　址　北京市海淀区圆明园西路 2 号　　**邮政编码**　100193
电　　话　发行部 010-62818525,8625　　读者服务部 010-62732336
编辑部 010-62732617,2618　　出　版　部 010-62733440
网　　址　http://www.caupress.cn　　**E-mail**　cbsszs@cau.edu.cn
经　　销　新华书店
印　　刷　涿州市星河印刷有限公司
版　　次　2020 年 6 月第 1 版　　2020 年 12 月第 2 次印刷
规　　格　787×980　　16 开本　　7.5 印张　　140 千字
定　　价　45.00 元

前　言

业内和学者将2013年称作大数据“元年”。大数据时代已经来临。奥地利数据科学家维克托·迈尔-舍恩伯格说，“大数据带来的信息风暴正在变革我们的生活、工作和思维，大数据开启了一次重大的时代转型。”大数据时代，互联网技术和数字技术裂变发展，引发媒体格局深刻变动。“以数字技术为基础，以网络为载体”的新媒体迅猛发展，削减了传统媒体的传播力和影响力，体现出强大的生命力。但是传统媒体具有新媒体无可比拟的内容优势和品牌优势。传统媒体与新媒体并不是相互排斥、此消彼长的关系，而是优势互补、融合发展的关系。媒体融合是逻辑演绎和历史演进的必然结果，是传统媒体与新媒体困境突破的必由之路。

虽然传统媒体与新媒体已呈融合之势，但两者在价值、文化、体制等方面存在多重矛盾。突破困境制约，推动融合发展，传统媒体可探索成立新型媒体集团，真正对接市场，加长加宽产业链；强化“开放、平等、协作、分享”的互联网思维，全面深化技术融合，在观念、战略、组织结构、生产方式、盈利模式等方面进行一次整体革命；建立媒体大数据库，增强数据分析能力，做好数据经营、数据报道和精准推送，在与新媒体的激烈竞争中，运用新兴技术实现“弯道超车”。

本书在总结研究工作的基础上，阐述大数据时代背景下，以数字技术为基础，以网络为载体的新媒体发展过程以及科技期刊如何把握新媒体融合时代机遇。在编写过程中，既参考了文献资料，又融入了笔者多年的实践经验，力求做到内容翔实，通俗易懂。

由于编者水平有限，时间仓促，书中难免有不妥之处，疏漏甚至错误之处亦恐难免，敬请读者批评指正。

胡靖宇

2019年11月

目　录

第1章 绪　论

随着信息技术的发展，信息量以超出人类理解的速度增长，大数据时代已经来临。奥地利数据科学家维克托·迈尔-舍恩伯格说，“大数据带来的信息风暴正在变革我们的生活、工作和思维，大数据开启了一次重大的时代转型。”

信息技术的裂变发展，引发媒体格局深刻变动，“以数字技术为基础、以网络为载体”的新媒体迅猛发展，体现了强大的生命力。新媒体给传统媒体带来前所未有的冲击，使传统媒体陷入困境之中。但是新媒体之间竞争惨烈，淘汰更新快。传统媒体与新媒体不是相互排斥、此消彼长的关系，而是优势互补、融合发展的关系。为突破各自困境，媒体融合将是传统媒体与新媒体的必由之路。作为信息技术的大数据是变革性的，深刻变革着人类生产、生活和思维方式，也深刻变革着新闻产品的生产、传播、销售等方式。而大数据时代的开启，将推动传统媒体与新媒体深度融合。

以大数据时代为重要前提，深入研究传统媒体与新媒体的融合，是一个重大课题，对于以媒体的角度审视大数据对人类生产、生活和思维的变革性影响，破解传统媒体与新媒体的发展困境，具有重要的理论意义和实践价值。

2013 年是大数据“元年”。“元年”以来，关于大数据的研究，像大数据本身一样呈爆炸式增长，专著、学术论文和一般文章都很多，既包括纯工程技术层面的，也包括科技哲学层面的，其中多数研究都包括大数据的概念、本质、特征、影响等。但大数据并不是一个新概念，最早由美国未来学家阿尔文·托夫勒提出，他在 1980 年出版的《第三次浪潮》中，将大数据称赞为“第三次浪潮的华彩乐章”。但“大数据”成为网络流行语，还是 2009 年以后的事情。关于大数据的概念，一些国内学者在研究中，常常引用维基百科、研究机构 Gartner、麦肯锡公司等的定义。国防大学教授胡晓峰在《大数据研究综述》一文中认为，大数据由海量交易数据、海量交互数据和海量数据处理三大主要的技术趋势汇聚而成。关于大数据的特征，业界普遍接受大数据的“4V”特征，即 volume（大量）、velocity（高速）、variety（多样）、value（价值）。一些学者在此基础上进行了延伸研究，但是基本上没有完全抛开“4V”走得太远。国防科技大学教授马建光将大数据的特点确切地表述为“数据量大、数据类型多、数据处理速度快、数据价值密度低”。作为变革性技术的大数据，对社会以及人的思维的变革巨大。相关研究中，影响比较大、广受读者欢迎的，要数舍恩伯格的《大数据时代》，该著作以宏观的视角、丰富的案例论述大数据时代带来的变革，核心观点包括“样本即全体”“关联物是预测的关键”等。李志刚主编的《大数据：大价值、大机遇、大变革》，梳理了大数据的“前世今生”，介绍了大数据对商业、数据处理带来的变革性影响，并对未来进行了展望。大数据产生的背景、特征和发展趋势，从实证的角度探讨了它对社会和商业智能的影响，并认为大数据正影响着商业模式的转变，并将带来新的商业机会。

互联网的快速普及，催生了新媒体的迅猛发展。关于传统媒体与新媒体关系的研究也比较多。一些学者在研究中，将传统媒体与新媒体进行对比研究，认为传统媒体与新媒体是相对概念，两者虽然运行机制不同，但是各具优势，而且优势互补。冯思婧在《新媒体与传统媒体比较研究》一文中，对传播手段、传播内容等方面做了比较分析，认为传播手段上传统媒体是单向性的，而新媒体是多维度的；传播内容上传统媒体信息量小，往往具有导向性，而新媒体信息量大，通常具有随意性。韩笑在《新媒体事件中传统媒体与新媒体关系之探讨》中认为，新媒体是相较于旧媒体而言的，新旧之间昭示着传播技术、传播方式的演进，因而，新媒体是一个不断生发的历史性概念。彭兰在《传统媒体缺少哪些新媒体基因》一文中指出，把内容当作产品来经营，以及信息消费在很大程度上也是生产行为，是新媒体的基因。胡颖等在《传统媒体与新媒体依存度分析》中认为，新媒体与传统媒体在内容信息和传播技术上是相互依存的关系。贺子宸在《试析新媒体与传统媒体的差异性》中认为，新媒体与传统媒体各有优势，新媒体具有技术和渠道优势，传统媒体具有内容生产和品牌传播优势。它们在独立发展之外又是交叉融合发展的。

与研究大数据或媒体相比，同时将大数据与媒体放在一起来研究，无论是从媒体的角度看大数据的变革性，还是以大数据为前提研究媒体转型或媒体融合，相关研究都要少得多。蒋颖教授在《新媒体时代传统媒体的应对策略与发展之势》中认为，对于传统媒体的未来，颇具代表性的是“消亡论”与“融合论”，但在相当长的时期内，更可能出现传统媒体与新媒体“融合与并存”的局面。陈晓锐在《大数据时代的媒体融合》一文中指出，大数据时代背景下，传统媒体生存发展受到空前挑战。新兴媒体凭借技术优势整合传统媒体资讯再传播，引发又一轮传媒革命，功能不断拓展的新媒体正在快速向政治、经济、社会、文化各领域延伸，推动社会结构变革和文化发展。新华社汤宇时在《传统媒体如何应对新媒体时代的转型》一文中指出，在大数据时代下，新媒体和传统媒体可以充分利用各自的优势进行互补，相互融合。两者之间并不是相互排斥、此消彼长的关系。中南民族大学倪逸之在《大数据时代下传统媒体与新媒体的发展困境与趋势》中指出，新媒体与传统媒体二者融合是其发展的必然方向。单一的媒体在大数据时代将失去竞争力,大数据时代需要的是多种传播手段综合运用的媒体。程建设等在《大数据平台建设及其在媒体融合中的应用》中将“媒体融合”做如下定义:狭义的理解是指将不同的媒介形态“融合”在一起,产生“质变”,形成一种新的媒介形态,如电子杂志、博客新闻、新闻客户端等;而广义的“媒介融合”则范围广阔,包括一切媒介及其有关要素的结合、汇聚甚至融合,不仅包括媒介形态的融合,还包括媒介功能、传播手段、所有权、组织结构等要素的融合。重庆大学付红安在硕士论文《大数据在社会化媒体营销中的应用研究》中,将大数据自身特征、大数据分析、大数据技术等进行具体探讨,将社会化媒体的特征、发展进程、发展趋势等进行系统梳理,从概念本身出发将大数据营销与社会化媒体营销的外延和内涵进行了综合分析。吉林日报崔瀚文在《大数据:媒体融合发展的介质》中认为,大数据思维能促进媒体转型,重塑传统媒体。因此,在传统媒体与新媒体融合发展过程中,大数据起到了介质的作用。重庆工商大学张红梅在《大数据驱动与媒体融合创新》中称,大数据技术通过精确洞察用户体验、驱动媒体内容定制生产与收益模式创新等,促进媒体深度融合。但媒体融合仍面临创新突破难以聚焦、隐性知识难以共享等相关问题,媒体企业需通过打造大数据平台、多维协同创新等策略,突破技术瓶颈,实现媒体在内容、渠道、经营管理等层面的融合创新与转型调整。史建华在《大数据驱动下的媒体融合 4.0 时代》一文中认为,基于大数据的媒体融合,将从选题策划、报道指挥、新闻采编、数据新闻、传播分析、报道追踪等环节全面入手,通过建立中央信息中心、中央编辑部等融媒体中心,改变传统新闻生产组织形式,促使新闻出版单位的组织结构由职能向平台服务转型,最终达到流程扁平化、分众化、垂直化、差异化的目标,实现采编、经营、技术的三方融合。杨斌在《大数据驱动媒体融合》一文中论述了运用大数据的 4 个层次。

本书拟重点围绕“传统媒体与新媒体”“大数据时代与媒体”“大数据时代与传统媒体”“大数据时代与新媒体”以及“大数据时代与媒体融合”这 5 组关系进行分析研究,来破解大数据时代传统媒体与新媒体融合。

第2章　大数据时代媒体融合的理论前提

2.1　大数据与大数据时代的概念界定

人类生产数据的能力极为依赖当下的科技发展水平。计算机的诞生，使人类生产、处理、存储数据的能力有了大的跃升。互联网、物联网、云技术的发展，则使人类生产的数据急剧增长。2014年3月，阿里巴巴集团创始人马云在北京举行的一场大数据产业推介会的主题演讲中感叹“人类正从IT时代走向DT时代”。从传统数据时代发展到大数据时代，数据给人类生产、生活以及思维带来了革命性影响。

2.1.1　数据的概念及其本质

随着信息技术的发展，数据已经包围了我们的生活，离开数据，我们将难以生活。数据并不是近现代才有的，而是自古有之。在古代，结绳记事、田亩丈量、龟甲刻字，都可以看作是某种“数据”。在今天，人口普查数据、百度搜索记录、公司财务系统等各种数据已渗透、融入生活的方方面面。这些数据的生产、存储，都以相应的技术装备为重要前提。近代以来，西方科学技术异军突起，望远镜、显微镜、光谱仪、加速器等相继出现，人类生产、记载数据的能力大大提升，数据量不断增大。但在计算机、互联网、物联网等信息技术广泛运用以前，人类生产数据的速度并没有那么快。如今，我们已然步入大数据时代，过去几年所产生的数据比之前几千年所产生的数据量还要大。关于数据的概念，百度百科认为，数据(data)是事实或观察的结果，是对客观事物的逻辑归纳，是用于表示客观事物的未经加工的原始素材。从上述定义分析，数据包含3个基本要素：数据来源于客观事物，是对客观事物的一种描述；数据是对客观事物的逻辑归纳，有人的影子；数据是未经加工的原始素材，不带任何雕饰。因此我们可以得出结论，数据是对世界的一种近似客观的描述，是人认识世界的中介与桥梁。

数据虽称不上世界的本源，但却在人们认识世界、追求本源过程中发挥着极为重要的作用。数据已经成为连接人的感官与外部世界之间的桥梁，成为人们表达世界的工具，认识世界的依据，思考世界的源泉。当我们探寻世界的本源时，我们其实是在数据的海洋中徜徉；当我们感觉有所发现时，我们只是找到了某些数据之间的特定关联。在人类探索世界的过程中，数据发挥了极为重要的作用。在掌握大量的观测数据后，哥白尼发表《天体运行论》，提出了日心说；在研习牛顿运动力学和天体力学之后，康德提出了宇宙演化学说，不胜枚举。数据伴随着人们认识世界、探求本质的整个过程。

2.1.2　大数据的概念、本质及其特征

对于什么是大数据，业界与学界莫衷一是，没有给出普遍认可的规范定义。从字面上看，大数据就是规模巨大的数据集，仍然属于数据的范畴，只不过是规模巨大而已。美国麦肯锡公司在报告“Big data: The next frontier for innovation, competition and productivity”中将大数据定义为“大小超出常规数据库软件工具抓取、存储、管理和分析能力的数据集”。

“大数据”是“数据化”趋势下的必然产物。归根结底大数据仍属于数据的范畴，其本质终是数据，与数据同属于人抽象出来的非物质的概念，是人认识世界的中介与桥梁。但大数据与数据的区别，绝不仅仅体现在数量规模上，如果仅仅体现在数量规模上，那么大数据也就失去了其研究意义。研究机构 Gartner 的定义则赋予其更多的内涵：大数据是需要新处理模式才能具有更强的决策力、洞察发现力和流程优化能力的海量、高增长率和多样化的信息资产。上述定义，麦肯锡公司从规模上给出了定性的定义，而研究机构 Gartner 则从功能上给出了明确的阐述，明确提出大数据是信息资产，具有潜在的决策力、发现力和流程优化能力。迄今学界各方关于大数据的定义，基本上不出这一框架。综上所述，不妨做如下定义：大数据是指大小超出常规软件抓取、管理、分析、存储等能力的数据集合，是具有洞察发现力、流程优化力和未来预测力的信息资产。这样的定义无论是从定性上，还是从功能上，无疑都更为全面。但是在定量方面，即在各种特定环境中多大规模的数据集才算得上大数据，仍有缺陷，需要进一步研究。

完整地理解大数据，既需要了解大数据的定义，也需要了解大数据的特征。之所以称为大数据，因为大数据具有传统数据不具备的独特特征。关于大数据的特征，业界经历了从“3V”到“4V”“5V”“6V”的认识过程。2001 年，麦塔集团(META Group)分析师莱尼(Doug Laney)第一次提出了大数据发展的 3 个要素：即时处理的速度(velocity)、数据格式的多样化(variety)与数据量的规模(volume)，简称“3V”特征。随着科学技术的快速发展，数据复杂程度不断提高，IBM 等又提出了“4V”特征，即又增加了“价值密度低”(value)。之后有人提出“5V”“6V”，在原有

"4V"上又增加了"准确性"(veracity)"可视性"(visualization)等。

但是当前比较统一的认识是"4V"特征,即数据规模大、数据类型多、处理速度快、价值密度低。这4个方面涵盖了大数据最核心的特征,最为准确地描述出大数据区别于传统数据的特点:

(1)数据规模大。互联网、物联网、各种传感器的广泛使用,使得数据规模呈指数增长。

(2)数据类型多。除传统的结构化数据外,还包括半结构化数据和非结构化数据。与结构化数据相比,半结构化数据和非结构化数据占比越来越高,处理难度要大得多。

(3)处理速度快。数据是流动的,并且具有涌现性,数据的价值又具有很强的实效性,决定了数据处理速度必须快。

(4)价值密度低。数据的增长速度超过了数据中有用信息的增长速度,使数据价值密度越来越低,也使我们获取有用信息的难度不断加大。

2.1.3 大数据时代的概念及其界定

"时代"的汉语解释是以经济、政治等一定依据划分的某个时期。一般来说,时代是与人紧密联系的时空概念,不能简单与时期画等号。我们经常谈论的石器时代、铁器时代、封建时代等,都是以经济、政治等一定依据所划分的一个时段,这个时段可能几千年、几百年,也可能几十年,甚至是几年。但无论长短,一般来说,这个时代都有人的某种印记,而且这种印记对于人类社会都具有一定的历史意义和现实意义。大数据时代,可以理解为人类生产、获取、存储、处理数据能力急剧增强的时期,在这一时期,数据规模之大已经无法在一定时间范围内用常规软件工具进行捕捉、管理和处理。由于业界与学界普遍将2013年称为大数据元年,所以我们可以将大数据时代界定为2013年以后。

2.2 从媒介融合到媒体融合的认知演进及概念辨析

媒体融合概念起源于20世纪70年代的西方,为西方舶来词汇,由英文"media convergence"翻译而来。一种公认的说法是,2004—2005年,由中国人民大学蔡雯研究员最早引入中国,并一度掀起研究热潮。媒介(媒体)融合概念使用比较混乱,多数学者使用"媒介融合"这一概念,也有少数学者使用"媒体融合",还有部分学者将二者通用,认为"媒介融合"即"媒体融合"。2014年,随着媒体融合上升为国家战略，越来越多的学者和业内人士开始倾向于使用“媒体融合”概念。从“媒介融合”到“媒体融合”，既反映了媒体融合的发展进程，又反映了学者对于这一概念认识的深化过程。

2.2.1 认知演进的简要历程

在媒介融合(media convergence)这个词汇中，融合(convergence)决定着词汇的性质，规定了要做什么；而媒介(media)则决定着这一概念的界限，决定着动作的范围。作为medium的复数形式，media一词源于拉丁文medius，其本意是中介、中间。

学者陈映认为，媒介融合的思想可以追溯至20世纪60年代的麦克卢汉(McLuhan)。在麦克卢汉“媒介即信息”的视野里，没有一种媒介能够独立存在。任何媒介的“内容”都是另一种媒介。文字的内容是言语，正如文字是印刷的内容，印刷又是电报的内容一样。1978年，麻省理工学院的尼古拉·尼葛洛庞帝用一个图例演示了3个相互交叉的圆环趋于重叠的聚合过程，这3个圆环分别代表计算机工作、出版印刷业和广播电影工业，他提出的不同工业正在走向融合的远见得到了商界领袖的青睐，获得了数百万美元的赞助，得以于1985年创办了后来声誉卓著的媒体实验室。这被一些学者认为是媒介融合的萌芽。多数西方学者研究认为，最早提出融合(convergence)概念的是麻省理工学院的伊契尔·索勒·普尔(Ithielde Sola Pool)教授，1983年他提出了“传播形态融合”(the convergence of modes)。他在其著作*Technologies of Freedom*中提出电子信息技术将会使传统媒体相互隔离的传播模式彻底改变，从而向新的融合模式演进。1994年，《纽约时报》报道圣荷赛水星报与美国在线共同推出名为《水星中心新闻》的电子报服务时，用了一个小标题“一次媒体融合”(A Media Convergence)。到世纪之交，美国在线和时代华纳宣布历史性合并之际，convergence一词已经成了电子信息传播中的常用语了。

国内学者一般认为，2004—2005年，中国人民大学新闻与社会发展研究中心研究员蔡雯在美国进行富布莱特项目研究时，发表《融合媒介与融合新闻——从美国新闻传播的变化谈起》一文，最早把“媒介融合”概念介绍到国内。但1999年崔保国在《技术创新与媒介变革》一文中就已经引介了“媒介融合”的概念，只是没有蔡雯的文章影响大。伴随着中国媒体业向深度融合发展的实践，媒介融合一度成为之后十余年的研究热词，但多数学者将媒介融合与媒体融合通用。2014年8月18日，中央“深改组”第四次全体会议将媒体融合提升为国家战略。“媒体融合”这个专业词汇(再度)成为业界和社会各界热议的话题。近几年，越来越多的学者开始倾向于使用媒体融合这个概念。

2.2.2 认知演进的“两次转向”

实践是认识的来源和动力，人们认识世界总是依赖实践进行。郭毅、于翠玲认为，“媒介融合”是一个历史性概念。对这一概念的认识和把握，首先是基于媒介自身的发展与实践过程梳理分析媒体融合的实践进程和认知历程，不难发现，媒体融合的认知演进经历了“两次转向”。

第一次是从以技术为主导的研究视角向技术、产业、经济、文化、社会等多元的研究视角转向。媒体融合是科学技术发展的产物，在媒介融合概念刚刚萌芽阶段，技术的研究视角占据了主导位置，较多地强调媒介融合的技术基础和驱动作用。随着媒体实践和认识的逐步深入，相关研究迅速从技术向产业、经济、文化、社会等研究视角辐射开来。早期以技术为研究视角，比较有代表性的，如美国麻省理工学院的尼葛洛庞帝，他将媒介融合理解为“各种各样的技术和媒介形式都汇集到一起”。以技术为研究视角，虽然延续至今，且将继续成为一个非常重要、不可或缺的研究视角，但与媒介（媒体）融合研究视角的愈发广泛性相比，其主导位置显然已失，多元研究视角格局日趋明朗。

第二次是从多元研究视角向媒体融合实践的实操层面聚焦的转向。随着媒体融合实践的逐渐深入，媒体如何融合？往什么方向融合？融合的主体是谁？融合的动力来自哪里？融合的方法途径有哪些？这些羁绊媒体融合发展的现实问题一道道横亘在面前，亟待媒体业和学者回答和解决。在社会需求和资本追逐的驱动之下，相关研究逐渐由多元研究视角向实践操作层面聚焦。

2.2.3 媒介融合与媒体融合概念辨析

虽然媒体融合由媒介融合演进而来，媒体融合概念的使用频次日益提高，但“媒介融合”与“媒体融合”继续通用的情况将继续存在。毋庸置疑，两个概念的根本区别在于媒介与媒体，“媒介”与“媒体”既然都源于英文 medium 一词（复数形式为 media），它们的基本释义不会有什么大的差别，但既然分别翻译成“媒介”与“媒体”，而“媒介”与“媒体”在中文中的释义有所不同，所以“媒介融合”与“媒体融合”还是有所区别的，在使用时注意加以区分是十分必要的。

先辨析媒介与媒体，两者一方面都指信息传递的载体、渠道、中介物、工具或技术手段，另一方面也兼具信息的采集、加工、制作和传播的社会组织。但从媒介与媒体的字义上分析，媒体为信息传播载体的机构，除了有媒介的意思外，还强调它的物质性，主要指称报社、广播电台、网站、通讯社等从事新闻传播活动的组织机构。由此可见，媒介更多强调它的介质属性，也就是侧重于第一方面的含义，而媒体则多指媒体机构，更侧重于第二方面的含义。

厘清了媒介与媒体的概念，媒介融合与媒体融合的概念界定也就清晰了。媒介融合兼具载体、渠道、介质、技术融合与机构融合两层释义，但更侧重于前一层释义。喻国明教授认为"媒介融合是指报刊、广播电视、互联网所依赖的技术越来越趋同，以信息技术为中介，以卫星、电缆、计算机技术等为传输手段，数字技术改变了获得数据、现象和语言3种基本信息的时间、空间及成本，各种信息在同一个平台上得到了整合，不同形式的媒介彼此之间的互换性与互联性得到了加强，媒介一体化的趋势日趋明显"。喻国明的这一定义明确指出，媒介融合包涵技术融合、渠道融合、载体融合等，一定程度上为上述辨析给出了佐证。

而媒体融合虽同样兼具载体、渠道、介质、技术融合与机构融合两层释义，但媒体融合更侧重于后一层释义。从总体上说，媒体融合的外延不如媒介融合的外延宽泛。蔡雯教授指出，"媒体融合"不仅是指各种媒介（组织）之间的合作模式，还是各类型媒介通过新介质真正实现聚合和融合形成的一种独立运行、流程完备、操作规范的新闻生产模式。

2.3　媒体融合的主体及其关系辨析

在全球化媒体融合形势催逼之下，国内大规模媒体融合已然拉开帷幕，且呈愈演愈烈之势。随着2014年上升为国家战略，媒体融合再度成为业界和学界的研究热词，并催生了一大批研究成果。但一个首要问题研究比较欠缺，即媒体融合的主体是谁？如果是传统媒体或新媒体，它们在媒体融合中，谁更占有主动性？它们之间是一种什么关系？

2.3.1　媒体融合的主体辨析

关于谁是媒体融合的主体？学界和业界可谓是仁者见仁、智者见智，尚未形成统一的认识。从目前来看，大致有3种观点：第一种观点认为，互联网是媒体融合的主体。广东南方新媒体公司王兵认为，媒体融合必须以互联网为主体，这是互联网融合的基本属性的要求。必须坚持"互联网＋"，而不能是"电视＋"或"广播＋"。如果传统媒体仅仅把互联网当成一种新的工具和手段，幻想以传统媒体来融合互联网媒体（新媒体），理论上不成立，实践上无一例外都失败了或者必将失败。

第二种观点认为，在媒介融合语境下，新媒体是融合的主体，而在媒体融合的语境下，传统媒体是融合的主体。丁柏铨教授认为，媒介融合的主体大抵是新兴媒体，而在媒体融合语境中，传统媒体是“融合发展”的主动者，具有主体的身份。进行媒体融合，并不是用新兴媒体解构传统媒体，也不是传统媒体以丢弃自己长处的方式去迎合新兴媒体。正确的做法是“坚持传统媒体和新媒体优势互补”。

第三种观点认为，“以谁为主进行媒体融合”是一个伪命题。戴元初认为，谁更能够推进媒体融合目标的实现，谁更能够保证在融合基础上扩大媒体的整体传播力、公信力和影响力，就以谁为主体，不必纠结它是不是传统的主流媒体，是不是有根红苗正的出身。传统媒体通过变革成为媒体融合中的主角，当然值得欢迎。新媒体环境下成长起来的，具有内容生产和市场扩张能力，能够承担社会责任的新媒体组织和平台同样可以成为融合主体。

当前，网络媒介化、媒介网络化和社会媒介化、媒介社会化已成大势。各新媒体的蓬勃发展，必然以新技术为前提，互联网技术是当前新媒体发展的核心技术之一。正是从这个意义出发，一些学者提出互联网是媒体融合的主体。如今，互联网迅猛发展，已经渗透到经济、文化、社会、生活的各个方面，媒体或是受其影响最早和最大的领域之一。新媒体发展壮大与互联网发展密切相关，或者说，是互联网孕育了新媒体，没有互联网就不可能有新媒体。传统媒体受到影响更多的是重大冲击，完全变革了传统媒体新闻生产、传播的方式，但也因此迎来重大发展机遇，传统媒体可以借助互联网获得重生。上述第一种观点就是在这样的背景下提出的。互联网不是媒体融合的主体，而是媒体融合的技术前提，也就是说，没有互联网的发展就不会有媒体融合的发生。

关于第二种观点，首先需要辨清媒介与媒体的概念。比较狭义的传播媒介既包括书籍、报纸、杂志、广播、电视、电影、网络等信息载体或传播渠道，也包括报社、杂志社、通讯社、电视台等信息传播主体，但较多地侧重于前者，而媒体与媒介相反，较多地侧重于后者。由此可以推断，媒介融合更多是从传播渠道的角度出发的，这一角度更多代表的是技术角度，而新媒体往往代表的是新技术，新技术往往更具驱动力和影响力。所以学者认为，在媒介融合的语境下，新媒体是融合的主体也就顺理成章了。另一方面，在媒体融合的语境下，融合主体是传统媒体该如何理解？就如同丁柏铨教授所论，媒体融合上升为国家战略有其重大背景，其背景是，在以社交媒体为代表的新媒体冲击之下，传统媒体，包括几乎所有主流媒体入口价值迅速丧失，舆论引导能力急剧下降。从国家层面重提媒体融合，就是要求传统媒体强化互联网思维，主动融合新媒体，实现融合发展，占领信息传播制高点，壮大主流思想舆论。因此，在媒体融合的语境下，传统媒体是媒体融合的主体。

关于第三种观点，融合是两种以上的物质融为一体，融合的最终标准是“你中有我、我中有你，你就是我、我就是你”。由融合的概念上，我们不难看出，融合从来就不可能是单方面的，它一定是相互的，即“你融于我，我也融于你”。好比水和酒精，水可以溶于酒精，酒精也可以溶于水，表现为互溶。传统媒体和新媒体的关系也是如此，它们只有能够互融才能实现融合，单向融合不可能实现媒体融合。戴元初博士显然没有从上述角度给出分析，他在论文中强调的是更应关注融合目标的实现，而不是谁为主体的问题上。

媒体可以有很多分类，按照形式可以分为平面媒体、电波媒体和网络媒体 3 大类；按照功用，国际电话电报咨询委员会 CCITT 把媒体分成感觉媒体（perception medium）、表示媒体（representation medium）、表现媒体（presentation medium）、存储媒体（storage medium）、传输媒体（transmission medium）5 类；美国媒介理论家保罗·莱文森（Paul Levinson）将媒介分为旧媒介、新媒介、新新媒介。媒体既然有这么多的分类，就同样可能有很多种媒体融合。但是基于技术新旧，将媒体分为传统媒体与新媒体，可以说是一个永恒的分类，也是一个从技术哲学角度分析媒体融合很好的视角。再加上，国家从推动传统媒体与新媒体融合发展的角度，将媒体融合上升为国家战略的大背景。

综上所述，互联网只是媒体融合的技术前提和重要背景，不是媒体融合的主体。因为单向融合不可能实现真正的融合，因此传统媒体和新媒体都可称为媒体融合的主体，两者之间交流互动共同推动媒体融合的实现。在融合过程中，在媒介融合的语境下，新媒体在融合中更具主动性，这种主动性的背后是新技术的强大推动力；在媒体融合的语境下，传统媒体在融合中更具主动性，这种主动性的背后是国家意志的强大推动力。

2.3.2　新媒体与传统媒体的概念

所谓“媒体”是指传播信息的媒介。媒体按照其技术的新旧可以分为新媒体与传统媒体。

“新媒体”的概念是由美国哥伦比亚广播电视网技术研究所戈尔德马克（P. Goldmark）于 1967 年在一份商品开发计划中率先提出的。但时至今日，仍然没有普遍认可的定义。清华大学熊澄宇教授提出“所谓新媒体，或称数字媒体、网络媒体，是建立在计算机信息处理技术和互联网基础之上，发挥传播功能的媒介总和。”在熊澄宇教授看来，新媒体融合了大众传播、组织传播、人际传播方式，具有即时、延展、交互、融合等新特征。匡文波将新媒体定义为“借助计算机（或具有计算机本质特征的数字设备）传播信息的载体”。在他看来，“数字化”与“互动性”是其根本特征，“数字化”强调新介质，“互动性”表征新方式。陈燕则认为“由所有人对所有人进行传播的媒体称为新媒体”。这一定义突出强调了“多对多”的新媒体传播方式。综上观点，新媒体，又称新兴媒体，是指以数字技术和互联网技术为基础，以网络为传载体，融合了大众传播、人际传播等多种传播方式，具有即时、交互、延展等新功能的创新形态的媒体。

传统媒体，是相对于新媒体而言的，是互联网出现以前的媒介形态，如以纸介质作为载体和阅读终端的书籍、报纸和杂志等，还有曾经被认为是新媒体的广播、电影和电视，在互联网、移动互联网兴起以后，在智能数字终端面前纷纷成为传统媒体形态。现有研究对传统媒体的定义，大体有3点共识：一是当下的传统媒体是相对于近年快速发展的网络媒体而言的；二是传统媒体均为“一对多”的大众传播方式，即定期向大众发布各类信息；三是传统媒体特指报纸、广播、电视等传播形态。因此，与新媒体相比，传统媒体是一种较为传统的、旧有的传播方式和媒体形态，当下的传统媒体主要指报纸、广播、电视等互联网出现以前的媒介形态，其传播方式为“一对多”的大众传播方式。

传统媒体与新媒体是一组相对的概念，当下的传统媒体过去也曾经是新媒体，现在的新媒体随着新的传播技术的涌现迟早变成旧媒体或传统媒体。比如，广播、电视在过去都曾经是风靡一时的新媒体，随着网络技术的应用和发展，如今已经成为传统媒体，媒体就是在这样的不断否定中实现一次次超越。媒体这种否定之否定地发展，背后有一个重要的推动力量，即基于人们需求的技术创新。

2.3.3 传统媒体与新媒体的关系

1948年，美国学者H.拉斯维尔提出了“5W”的传播模式。下面按照这一模式，分析传统媒体与新媒体在传播主体、传播客体、传播内容、传播方式、传播效果等方面的差异。

在传播主体上，传统媒体制作主体通常唯一，内容创作以“我”为主，无论是报纸，还是广播、电视，都要经过采写（录制）、编辑（剪辑）、发稿（播放）等几道程序，层层把关，权威性、专业性较强；而新媒体制作主体多元，既可以是媒体自制，也可以是转发转载，还可以是用户生产，内容创作以“读者”为中心，制作程序简单，自己采写制作相对较少，权威性、专业性较弱。

在传播客体上，传统媒体是主导受众型，其受众忠诚度比较高，可支配时间多，在年龄偏大群体、经济欠发达地区中更有市场，受众总量下滑明显；而新媒体是受众主导型，其受众忠诚度比较低，时间碎片化，在年轻群体、知识分子群体、经济发达地区中更有市场，受众总量上升较快。

在传播内容上，传统媒体的话语表达更为严肃、规范，有较强的目的性，主要是用以引导公众舆论，报道权威性强，原创内容多、质量高，但信息量相对较小，表现形式相对单一,比如报纸以文字为主,辅以图片;而新媒体话语表达相对轻松、随意,追求个性化,目的性较弱,报道原创内容少、较粗糙,有时失真失实,但信息海量,读者可以任意查询,其表现形式丰富多样,包括文字、图片、图表、音频、视频、动画等,阅读感受好。

在传播方式上,传统媒体大多运用传播主体向传播对象单向传播,或称线性传播,是一种点对面、一对多的散射式传播,该传播具有滞后性,与受众的反馈和互动较少,多为电话、短信、信件等传统形式;而新媒体通常运用双向或多向传播,或称非线性传播,是一种点对点、多对多的传播方式,既可以一点对一点或多点,又可以多点对一点或多点,非常注重用户反馈和互动,传播具有更强的时效性,在这种传播机制下,用户既是传播的客体,也是传播的主体。

在传播效果上,传统媒体在边远山区、老年群体中有更高的曝光率,因而在这些地区或群体中更具传播影响力,但互动性、参与性差是其短板;新媒体在经济发达地区、知识阶层中有更高的曝光率,因而在这些地区或群体中更具传播影响力,互动性、参与性强是其优势。

虽然传统媒体与新媒体在传播内容、生产方式、传播方式、受众群体、传播效果等方面差异性很大,但传统媒体与新媒体并不是风马牛不相及或者水火不容的关系,而是相互联系、相互竞争、相互依存的关系。深圳报业集团胡恒芳认为,新媒体出现后,核心竞争力还是内容,而新媒体一定是靠传统媒体这个母体发展的,因为“母体是内容生产商”,要完全脱离传统媒体的母体,另辟蹊径,就是无源之水。胡颖、周忱认为,新媒体对于传统媒体来说是一把“双刃剑”,新媒体在给传统媒体带来威胁的同时,也为传统媒体的发展带来了新的契机,两者唇亡齿寒的依存关系成为当下的传播现实。

第3章　大数据时代媒体融合的逻辑、历史与现实

3.1　媒体融合是逻辑演绎的必然选择

进入“数字化时代”，舆论生态和媒体环境发生深刻变化，新兴媒体迅速崛起，以报纸、广播、电视为代表的传统媒体受到重大冲击，传统媒体的发行份数、收听（视）率迅猛下降。

2000年8月以83亿美元的高价创下世界最大报纸并购纪录的美国论坛报业集团，却在2008年12月申请破产保护，历史定格为161年。仅2个月后，有着150年历史的美国《落基山新闻》寿终正寝。美国菲利普·迈耶在《正在消失的报纸：拯救信息时代的新闻业》一书中断言：“假如报纸继续按照目前的速度下沉，地球上最后一个读者阅读最后一份报纸将发生在2043年4月。”电视的情况同样堪忧，美国《连线》刊登题为“电视的终结与电视永存”的文章认为，电视难逃终结的命运。报纸、电视、广播等传统媒体“消亡论”甚嚣尘上。

面对新兴媒体的冲击，以报纸、广播、电视为代表的传统媒体何去何从？是继续存在，还是就此消亡，抑或是凤凰涅槃，进化或升级为高级形态？学界和业界人士见仁见智，观点不一，“影响论”“两分论”“消亡论”“融合论”等论断百家争鸣。比如，电视“影响论”认为，电视不会消亡，相反，电视还有很强的生命力，反映了电视中心主义的立场。“两分论”以中国人民大学新闻学院的陈力丹教授为代表，他从对现代历史演进的过程分析中得出，没有哪一种大众传媒，因为一种新兴媒体的出现走向消亡。学者王明轩研究了电视消亡问题，他指出，电视将受到IPTV、基于P2P技术的视频传播平台、视频分享网站、手机电视、下载技术等“堰塞湖”的冲击，传统电视的消亡将是一种趋势，没有人能阻止它衰落的脚步。科幻作家布鲁斯·斯特林建立了一个所谓的死媒体项目。他在自己的网页上解释说：“集中化、恐龙般庞大的一对多式媒体咆哮着踏过20世纪，但它已极不适应后现代的技术环境。”他预计一部分媒体恐龙将走向坟墓，他建起了一座媒体圣陵，以存放“牺牲在技术变迁

的带刺铁丝网前的媒体”。“融合论”观点认为传统媒体与新兴媒体不是此消彼长的关系，而是融合共生的关系。中国人民大学高钢教授认为，网络数字技术将各种信息传播形态统一起来创造潜能，不是在吞噬传统媒体，而是承袭传统媒体在漫长的历史空间营造的信息传播优势，吸收传统媒体的传播能量，扩展传统媒体的传播功能，弥补传统媒体的传播缺陷。贺子宸认为，新媒体与传统媒体各有优势，新媒体具有技术和渠道优势，传统媒体具有内容生产和品牌传播优势。它们在独立发展之外又是交叉融合发展的。亨利·詹金斯称：“历史告诉我们，旧媒体绝不会寿终正寝，它们甚至也不会逐渐削弱淡出。消逝的只是我们用以存取媒体内容的工具——8 轨道磁带、Beta 录像带等。”旧媒体并没有被取代，只是在一定程度上，它们的作用和地位由于新技术的引入而发生了变化。

关于传统媒体与新兴媒体何去何从，无论有多少论断，但“融合论”与“消亡论”是最具代表性和最为根本的两种论断。因为传统媒体与新兴媒体的未来无外乎以下 3 种情况：一是两者以现有形态共生，二是一方在竞争中消亡，三是融合成新的媒介形态。分析上述 3 种情况不难得出，无论哪种论断，最终要么属于“融合论”，要么归为“消亡论”，无他。毋庸置疑，新生事物往往更具生命活力，从长期来看，新事物战胜旧事物具有必然性。但传统媒体与新兴媒体作为以技术新旧来区分界定的两种传播方式，它们之间的确存在激烈的竞争关系，这里面有社会的需求，也有资本的驱动在发挥作用，但是它们之间竞争关系，不是完全取代的关系，更多是扬弃的关系。传统媒体与新兴媒体在竞争发展中，优势互补，相互借鉴，共融共生。即便是两者生成了“第三种媒介形式”，也会含有传统媒体或新兴媒体的基因和血液，反而从另一个角度印证了融合论的合理性。

3.2　媒体融合是历史演进的必然结果

历史昭示未来。事物发展的历史必然有其内在规律性，探寻出事物发展的内在规律性，可以明晰事物发展的趋势与方向。

在报纸产生以前，没有大众传播和现代意义上的媒体，也就很难谈媒体融合，但却存在媒介融合。陈燕认为，媒介的融合不仅仅体现在媒介内容的互通和综合上，还体现在传播介质的综合与统一上。前报纸时代媒介融合的历史更多表现为技术融合的历史。具体来说，媒介的概念本身很广泛，既包括符号，比如文字、数字等，又包括传递信息的物理形式，比如声波、电波、光等。周幽王曾“烽火戏诸侯”，结果亡了西周。这里表示边关告急用的“烽火”就是媒介符号与光的融合。古时作战，曾用金钟和战鼓指挥士兵，击鼓表示前进，鸣金表示后退。这里的“击鼓”与“鸣金”都是媒介符号与声波的融合。这可以算作比较原始的媒介融合。

机械印刷技术直接带来图书、报纸以及杂志的诞生，极大地加快了人类文明的进程。图书、报纸、杂志是文字符号与作为传递信息载体的纸张的融合，印刷媒介加速了科学的诞生，并开启了大众传播的新时代。在科学技术的发展下，无线电技术、计算机技术、网络通信技术等迅速涌现，电子媒介与数字媒介随之出现。吴文涛认为，媒介的变革和发展就这样由各种各样的技术相互融合、不断创新而形成：文字媒介起源于符号技术与材料技术的探索；印刷媒介归功于材料技术与机器技术的探索；电子媒介产生于电磁波的发现与无线电技术的发展；数字媒介更是依赖于计算机技术和通信技术而存在。可以说，媒体融合与技术创新从来都是紧密相连的，传播媒介的演变史本身就是一部人类的技术创新史。

新的媒体形态是从旧的媒体形态蜕变、演化而来的。正如美国罗杰·菲德勒所言：“新媒介并不是自发地和独立地产生的——它们从旧媒介的形态变化中逐渐产生。”真正意义上媒体融合，还是从进入大众传播时代开始的。吴文涛把前互联网时代的媒体融合看作“结构”与“功能”的融合，他认为正是媒介物品的“结构”与“功能”的融合，促进人们对于浅层次媒体融合的理解。譬如，电视可视作是广播与书籍的融合，手机报则可认为是手机与报纸的融合等。这种融合可以看作是两种传播技术的叠加。鲍立泉认为，媒介技术发展是一个叠加渐进的过程，而不是否定前者的过程；媒介技术发展是新老技术相结合的融合过程；传播媒介发展也体现出了新老媒介相互交融的趋势。互联网之前的任何一种传播媒介对之前的传播媒介在功能上都是部分替代关系，比如，广播对报纸，电视对广播，在传播功能上都是部分替代关系。只有互联网对之前的任何一种传播媒介在功能上是完全替代关系，这是因为互联网作为数字传播技术，打通了声、光、电，以及文字、图片、图表、动画、视频等之间的介质融合障碍。《光明日报》的李亚彬将我国互联网时代的媒体融合梳理为复制阶段、互动阶段和全媒体阶段 3 个阶段。“复制阶段”以《中国贸易报》1995 年推出网络版为起点；“互动阶段”以《人民日报》2000 年推出人民网为标志；“全媒体阶段”以烟台日报 2008 年率先实施全媒体战略为标志。在复制阶段，传统媒体只是简单地将内容搬运到网站上，网络处于从属地位和作用，仅仅是报纸的平台延伸。在互动阶段，除搬运报纸的内容外，开始针对网络特点有原创内容，并开始与网络读者进行简单互动。进入全媒体阶段，网络媒体才真正以独立身份登上历史舞台，并在新闻信息传播上发挥越来越重要的作用。

从媒体（媒介）融合的演进历史，我们不难发现，媒体（媒介）与传播技术或者媒体（媒介）之间的叠加、融合，是媒体（媒介）与传播技术发展进步的一种存在形式，媒体融合是历史演进的必然选择。

3.3　媒体融合是突破困境的现实选择

近年来，新兴媒体蓬勃发展，猛烈地冲击着传统媒体，新媒体似乎将成为传统媒体的“掘墓人”。但通过分析比较传统媒体与新兴媒体不难发现，传统媒体与新兴媒体各有优劣，但均存在制约瓶颈和发展短板。促进传统媒体与新兴媒体融合发展，有利于双方巩固优势、补齐短板、突破各自发展困境。

3.3.1　传统媒体的困境

新媒体发展迅猛，传统媒体受到重大冲击，深陷发展困境之中，主要表现在 3 个方面。

一是优质内容传不出去。毋庸置疑，传统媒体更具权威性和专业性。传统媒体长期秉承“内容为王”的理念，在提供真实、优质、原创、深度内容上经验丰富。但时下媒体生态已经发生深刻变化，新兴媒体的移动化、社交化、交互性越来越强，人类社会已经进入“人人都有麦克风”的时代，新闻生产方式已经由主流媒体“创作以我为主、单向线性传播”向新兴媒体“制作主体多元、多向交互传播”转变，其带来的结果是信息海量。传统媒体虽然内容优质，但数量明显较小，传统媒体新闻信息容易淹没在新媒体的信息汪洋之中。加之，传统媒体的信息产品生产周期较长、传播相对滞后，变得越来越难以直达读者，面临优质内容传不出去的困境。

二是用户黏性弱。虽然传统媒体有稳定的受众群体，而且这部分受众群体忠诚度比较高，但传统媒体报道形式单一、内容刻板，缺乏互动性和参与度。传统媒体相对于新媒体是精英媒体，所以对于受众群体有一种俯视的姿态，即高高在上，这样的行为模式并不符合现在年轻人对于生活理念的追求，所以精英不是一定就要俯视。正是在这样的背景之下，传统媒体用户直线下滑。

三是广告收入锐减。近几年来，传统媒体广告收入下滑非常严重。而企业利用互联网进行营销的比例不断增长，且继续增长的趋势明显。传统媒体广告收入下降，是两方面原因造成的。一方面，传统媒体用户减少，影响力下降，广告收入自然随之减少。另一方面，在新兴媒体抢夺入口价值、挖掘数据资源的情况下，传统媒体还在固守原有的“登广告”盈利模式。传统媒体经营理念和经营方式明显落后于新媒体。

3.3.2　新媒体的困境

新媒体迅猛发展，虽然给传统媒体带来重大冲击，大有取而代之之势，但是新媒体同样存在瓶颈制约，主要表现在3个方面。

一是缺乏原创优质内容。与传统媒体相比，内容劣势是其最大的劣势，主要表现在原创少、缺深度、不专业、可信度差。内容劣势的原因主要有：缺乏专业化新闻报道队伍；管理扁平化，发稿程序过于简化，新闻产品贪新求快；制作主体多元，人人都有麦克风；新闻伦理自律差，以粗俗内容追求点击率。缺乏原创内容成为制约新媒体可持续发展的突出瓶颈。

二是侵犯版权问题严重。新媒体的发展速度明显超出了新闻版权体制机制的健全速度。如今一些新媒体无所顾忌地私自转载转引，甚至是拼凑嫁接传统媒体的新闻作品。如果一些新媒体仍然沿袭现有新闻制作模式，未来我国新闻版权体制机制一旦健全，新媒体将遭遇内容危机。

三是同质化竞争惨烈。马云曾经说过，互联网每天都面临着死亡的威胁，所以互联网有生命力。这一方面反映了新媒体的危机意识很强，生命力因而也强。另一方面也说明了新媒体之间竞争惨烈。倪逸之认为，新媒体目前所面临的最大困局就是竞争。当竞争超过一个标准后必然会带来负面影响。与传统媒体相比，新媒体的优势在于技术优势，新媒体的生命力也在于技术优势，失去了技术优势，必然遭到淘汰。但在大众创业、万众创新的大背景下，传播技术日新月异，每天都有大量同质化的新媒体诞生，也有大量新媒体被淘汰。艾媒咨询分析师表示，“APP的生命周期平均只有10个月，85%的用户会在1个月内将其下载的应用程序从手机中删除，而到了5个月后，这些应用程序的留存率仅有5%。”新媒体竞争惨烈程度可见一斑。

3.3.3 困境错位、劣势互容促进传统媒体与新媒体走向融合

综上所述，传统媒体与新媒体各自面临不同的困境。传统媒体面临传播能力弱、用户黏性差、广告收入下滑3个方面的困境，而这3个方面恰恰是新媒体的优势所在。新媒体面临缺优质内容、缺原创内容、同质化竞争惨烈3个方面的困境，而这3个方面恰恰是传统媒体的优势。传统媒体与新媒体完美地表现为困境错位、劣势互容、优势互补的关系。劣势互容、优势互补是一个问题的两个方面。困境错位、劣势互容是传统媒体与新媒体走向融合的必要条件。

在竞争激烈的媒体环境中，传统媒体与新媒体要摆脱上述困境，必须做出改变。传统媒体与新媒体相互吸收借鉴于己有利的因素，是突破各自困境最为现实的选择。传统媒体可以有效利用新媒体的平台优势、渠道优势和技术优势，提升传播能力，增强用户黏性，挽回市场份额，恢复强大的传播力和影响力。新媒体则可以充分利用传统媒体的人才优势、专业优势和内容优势，改善报道质量，提升报道

权威，在激烈的市场竞争中成功突围。一言以蔽之，媒体融合是传统媒体与新媒体突破困境的现实选择和必由之路。

3.4 传统媒体与新媒体共生研究

传统媒体与新媒体共生的一体化形态，绝不是传统媒体与新媒体的简单相加，也不是传统媒体与新媒体一般意义上的合作，而是传统媒体与新媒体融合一体的组织结构形态。

具体来说，对于传统媒体与新媒体的一体化共生形态，我们可从以下几个方面来理解：

首先，一体化共生形态以共生体的全面持续发展为目标。

其次，一体化共生形态以各媒体共生单元利益的实现为动力。

再次，一体化共生形态以媒体共生单元间的有效融合为路径。

最后，一体化共生形态以具体的组织机制为保障。

至于对“融合一体”我们也可以从以下几个方面来理解：

第一，从静态看，“融合一体”指的是一个具有主体资格的单一实体即共生体，在共生体内部，媒体共生单元优化分工、彼此包容、相互合作，并适应和服从共生体的整体利益。对外，媒体共生单元作为一个整体统一行动，以取得利益最大化为目标，与外在环境进行接触与交流。

第二，从动态看，“融合一体”是一个全方位互动以及融合的过程。在这个过程中，媒体共生单元的技术、内容、人员、组织结构等要素相互融合，趋于一体，共求发展。

因此导入共生理论的基本范式，着力对传统媒体与新兴媒体的共生条件、共生模式、共生形态等进行深入阐述。

3.4.1 新媒体未来发展趋势

“新媒体时代”已经让我们感受到了新媒体之“新”在何种功能上，让我们体验到了获取信息、交流信息、存储信息和运用信息的快捷和便利，但是我们又心存惶恐，新媒体之“新”还在不断演化中，不断推进中，不知明日会“新”到什么程度，因为移动互联网的赋能技术将使任何新的媒介形态的出现都会成为可能。

那么将会有哪些赋能技术会催生新媒介？答案是“下一代互联网”“移动互联网”“下一代广播网”“云计算”和“云媒体”“大数据”等。这些赋能技术正在使内容生产和存储云化、传输渠道互联网化、终端智能化和多屏化。这里仅就“多屏”“云计算”和“大数据”做一简要说明。“多屏”又称“跨屏”，是电视与视频网站互动共生的产物。目前已有电视屏、PC屏、手机屏、平板屏和电影屏，将来还能有可穿戴的屏。移动终端智能化和4G网终端的发展，将使一个节目一条信息同步发送到多个终端平台，并且数据互通，跨屏联动，用户的媒体体验变得更加丰富。

云计算，就是在任何时间、任何地点，只要上线，就为你提供云计算功能。用于云端储存数据的应用将占据大多数应用流量。2014年，云端服务占移动数据流量的81%，而到2019年，其比例将提高到90%。

云计算在传媒领域主要用于电影后期制作和动漫制作。2015年春节期间，深圳华强集团推出3D动画大片，引起广泛关注。制作这一3D动画大片，云计算的作用之一表现在“渲染”上，就是把原始的画变成3D的影像。以前一个动漫公司，要把渲染做到位至少要1 000台服务器，现在有了云计算，就大大减少了资本投入或设备投入了。

大数据是2013年出现的热词。据专家称，大数据是继云计算之后IT产业又一颠覆性变革。2014年全球的网络数据已达到30 EB(30亿GB)。未来5年，由于智能手机、平板电脑、可穿戴设备、视频以及物联网广泛运用大数据，网络数据可能达300 EB(300亿GB)。以视频为例，2014年用户每月平均看3小时视频，而到2019年可达到36小时，到2019年视频将占移动网络流量的72%，而2014年这一比例仅为55%。

此外“虚拟现实”和“增强现实技术”将会对传媒产生巨大影响作用。比如“增强现实”电视已开始出现。它通过类似机顶盒的可穿戴设备实现节目的多层立体呈现。未来的电视将可能把观看者投射到一个环境中，从而使之置身在节目内容之中。

3.4.2 传统媒体衰落引发的争议

在互联网时代，如何认识新兴媒体，如何看待新兴媒体的发展现状与趋势，已成为世界范围内大家共同关心的问题。当前，无论是在学界还是在业界，大家对于新兴媒体的相关探索和研究有很多，而存在争议的问题也有很多。

在以互联网为代表的新兴媒体越来越强势的冲击和影响下，报纸、广播、电视等传统媒体的未来成为业界和学界探讨的热门话题。其中，有两个话题最为引人关注，其一是“传统媒体是否会消亡?”其二就是“什么是媒体融合(media convergence)?”

3.4.2.1　报纸是否会消亡

由于在新兴媒体的冲击下，报纸的衰退态势最为明显，因此关于“传统媒体是否会消亡”的讨论，主要集中在“报纸是否会消亡”这一问题上。早在 1994 年，美国就有专家学者指出报业正散发着“死亡的气息”，称报纸为“媒介恐龙”一点也不为过。此后，对报纸的未来持悲观态度，认为其将要消亡的说法一直不绝于耳。而其中广为传播，影响最大的无疑要数 2004 年美国菲利普·迈耶（Philip Meyer）教授在他的著作 *The Vanishing Newspaper：Saving Journalism in the Information Age* 中那句斩钉截铁的预言：“2043 年第一季度末，日报的读者将归于零。”在我国，持“报纸即将消亡”观点的专家学者也大有人在。2005 年，时任京华时报社社长的吴海民提出了报业“拐点论”（也称“寒冬论”），他说：“以 2005 年为‘拐点’……具有 400 年历史的传统报业，作为工业化时代的产物，将在信息化时代一步一步走向深谷。一个时代就要结束了。”同年，学者刘建明旗帜鲜明地断言“大约在 2025—2035 年间报纸就要消亡”。需要指出的是，对于“报纸即将消亡”的观点，无论是在国外还是国内都不乏质疑与批评。2005 年，美国报业编辑协会主席罗德里格斯就对这一观点反驳道：“在美国，电报、广播、电影诞生之后，人们已经不止一次地宣称‘报纸要完蛋了’，但报纸直到今天也没完蛋。在新兴媒体时代，报纸在以自己的方式演进着。”2006 年，鲁伯特·默多克在就“报纸产业的未来”发表演讲时强调：“报纸的强项是信息、内容，以传统和信用为基础竭尽全力收集的信息才是报纸最大的财富……在未来媒介的发展中，报纸以其便于携带、阅读、新闻信息内容深刻等突出特性，相当长时间拥有自己的位置和发展空间。”2006 年，原北京日报报业集团社长梅宁华在接受专访时谈道：“正如电视媒体出现时，有人预言广播和报纸将会被取代，而事实上，数十年来这几大媒体却‘相安无事’，共同繁荣了媒介市场，丰富了人们的文化生活；同样，互联网等新兴媒体，也不可能取代报纸、广播、电视等传统媒体，相反，这些传统媒体反而会借助支撑新兴媒体后台的新技术，寻求到自身腾飞的契机。”2007 年，中国人民大学新闻学院教授陈力丹在文章中明确指出：“纸质媒体并非走向灭亡，而是与新兴媒体携手进入到一个新的发展时期。传统媒体和新兴媒体，在传播功能上各有优势和劣势，过去、现在乃至将来，会共存共荣。”

正当国内外学界业界还在就“报纸是否会消亡”这一问题激辩不休之时，2007 年底美国报业危机突然爆发了。短短几年间，众多历史悠久，深具影响力的报纸或被关闭，或停刊转网，或被转卖。多家显赫一时的顶尖报业集团公司损失惨重，有的甚至沦落到申请破产保护。大批经验丰富、专业一流的全职记者和编辑失业。

据统计，截至2009年底，全美约有200家报社被关闭，10多家报业集团申请破产保护，1 000名全职记者和编辑失业。对于此次美国报业危机爆发的原因，众多业内人士与学界专家一致认为：虽然金融危机是引发本次报业危机的直接原因，但以互联网为代表的新兴媒体的冲击则是导致本次报业危机如此深重的根本原因。

至此，学界和业界关于“报纸是否会消亡”的讨论尽管依然在继续，但人们却不得不开始思考另一个更为现实的问题——传统报业如何自救？因为，美国报业危机已将传统报业推到了生死存亡的边缘。对于目前美国传统报业所处境况来说，正如莎士比亚的名句所言：“To be or not to be，that is a question.（生存还是毁灭，这是一个值得考虑的问题）。”由此，为了走出困境，美国传统报业不得不加快数字化转型的步伐，以更加积极的姿态去拥抱新兴媒体。正是在这样的背景下，“媒体融合（Media Convergence）”（又称“媒介融合”）逐渐成为学界和业界讨论的热点。

3.4.2.2 “媒体融合”辨析

对于“媒体融合”，我们应该明确以下几点：

第一，“媒体融合”思想和概念早已有之。最早明确表达出“媒体融合”思想的是尼古拉斯·尼葛洛庞帝的“三圆交叠”说。尼葛洛庞帝认为，如果我们用3个相互交叠在一起的圆圈分别代表广播和动画业、印刷和出版业、电脑业的话，无疑3个圆圈的重叠处是成长最快、创新最多的领域。在这里，尼葛洛庞帝的“媒体融合”思想表露无遗。而最早明确提出“媒体融合”这一概念的则是美国传播学者浦尔，他在1983年提出这一概念的本意是指“各种媒介呈现出多功能一体化的趋势”。值得注意的是，浦尔教授的“媒体融合”概念主要是指传统媒体的融合，如电视、报刊等媒体融合在一起。

第二，“媒体融合”的实践和研究始于21世纪前后。有学者指出，“早在20世纪50年代，一些报社就拥有自己的电视台，并且共享一些信息资源。”显然，传统媒体相互间的融合很早就开始了。21世纪前后，随着计算机技术以及信息网络技术的飞速进步，以互联网为代表的新兴媒体展现出了强劲的发展势头，一些嗅觉敏锐的美国新闻传媒公司看到了传统媒体与新兴媒体融合发展的巨大潜力，便开始着手进行“融合媒介（convergence media）和融合新闻（convergence journalism）”的实验。例如，2000年美国媒介综合集团就专门在佛罗里达州坦帕市建立了“坦帕新闻中心（Tampa's News Center）”，将《坦帕论坛报》、WFLA-电视8台和TBO.com网站搬入其中，进行“融合媒介”以及“融合新闻”的实践。美国各新闻传媒公司相关融合实践的不断开展逐渐引起了学界的注意，一些新闻传播领域的专家学者在对这些融合实践进行深入的研究后，惊讶地发现：这些融合实践给整个新闻传媒产业带来的竟是革命性的影响。基于此，与“媒介融合”相关的理论研究也蓬勃开展起来。

第三，“媒体融合”的内涵在不断丰富。随着美国新闻传媒公司“融合媒介”“融合新闻”实验不断增多，以及相关研究不断深入，“媒体融合”这一概念脱离了初创者的原意，拥有了更加丰富的内涵。由于国内外学者关于“媒体融合”研究的视角几乎包含了和媒体相关的所有方面，所以“媒体融合”的准确定义至今难以达成共识。据最早将“媒体融合”概念引入国内学术界的中国人民大学新闻学院教授蔡雯的研究：“如果对国内外现有关于‘媒体融合’研究进行归纳，可分为微观、中观、宏观以及大传媒业 4 个类型，而‘媒体融合’的核心内容则有 3 点：一是媒介内容的融合，指分属于不同媒介形态的内容生产，形成多层次、多类型内容融合产品；二是传播渠道的融合，指原来不同形态的媒介产品传播信道的融合与互联互通；三是媒介终端的融合，指将多种媒体功能整合在一起，以一种开放的终端平台将信息和服务传递给使用者。”

第四，当前“媒体融合”的核心议题是传统媒体与新兴媒体融合发展。上文谈到，新兴媒体的强势崛起，原有的媒介生态格局发生改变，传统媒体尤其是报纸媒体衰退态势明显。在这样的背景下，“媒体融合”实践及其相关研究无疑有一个很现实也很紧迫的任务，那就是帮助传统媒体走出困境，为传统媒体的未来发展指明道路。因此，尽管一直以来国内外学界与业界在对“传统媒体是否会消亡”的讨论中难以达成共识，但对传统媒体与新兴媒体的融合实践以及相关的探索研究却从未停止。

第五，实现传统媒体与新兴媒体融合发展已成为我国的国家战略。2014 年 8 月 18 日，习近平总书记在中央“深改组”第四次全体会议上强调：“推动传统媒体和新兴媒体融合发展，要遵循新闻传播规律和新兴媒体发展规律，强化互联网思维，坚持传统媒体和新兴媒体优势互补、一体发展，坚持先进技术为支撑、内容建设为根本，推动传统媒体和新兴媒体在内容、渠道、平台、经营、管理等方面的深度融合，着力打造一批形态多样、手段先进、具有竞争力的新型主流媒体，建成几家拥有强大实力和传播力、公信力、影响力的新型媒体集团，形成立体多样、融合发展的现代传播体系。要一手抓融合，一手抓管理，确保融合发展沿着正确方向推进。”其后不久，中央就发布了《关于推动传统媒体和新兴媒体融合发展的指导意见》。由此，“媒体融合”正式成为我国的国家战略。

第六，实现“媒体融合”的路径选择问题缺乏更高层次的理论指导。尽管现阶段推动传统媒体和新兴媒体融合发展已上升为国家战略，许多专家学者也对此做了很多有益的探讨，但更多停留在具体的实践经验的总结以及相关战术、策略的探讨上。迄今为止，“媒体融合”在实践中遇到的六大难题：“什么是媒体融合”“与谁融合”“何时融合”“如何融合”“在多大程度上融合”“媒体融合的成熟形态是什么”。这些难题依然在理论层面没有得到系统有力的阐释。当传统媒体与新兴媒体共生到一体化阶段，才真正在完全意义上实现了媒体融合。

第 4 章　大数据时代媒体融合的基础、动力与探索

4.1　优势互补是传统媒体与新媒体融合的基础

第 3 章分析了传统媒体与新媒体各自的劣势、各自的困境，但反过来看，传统媒体与新媒体各有各的优势，各有各的长处。而且，它们的优势极其互补，这是传统媒体与新媒体融合发展的基础。

4.1.1　传统媒体的优势

传统媒体虽然遭受新媒体的巨大冲击，面临艰难困境，但是传统媒体在长期实践中积累了丰富经验，具有独特优势。

一是资源优势。传统媒体经过多年的经营和发展，业已建立庞大的采编网络。仅以中央媒体海外布局为例，人民日报在海外有 30 余家分社，央视的海外分台和记者站约有 60 家，而新华社在海外的总社和分社总数约 180 家。如此庞大采编网络能够有效保障将新闻事件如实迅速地呈现给读者。此外，各级各类传统媒体多为“体制内”媒体，几乎垄断着本级政府部门的报道资源。上述优势是任何新媒体都难以企及的资源优势。

二是内容优势。传统媒体长期秉持“内容为王”的理念，严格按照长期形成的采写（录制）、编辑（剪辑）、发稿（播发）的制作程序，并经过层层把关，稿件质量较高、差错很少。此外，部分传统媒体坚持“走转改”，坚持到一线采写“接地气、挂露珠”的原创稿件，稿件有思想、有情怀、有高度，受到读者喜爱。

三是品牌优势。传统媒体由于发展时间较长，积累了丰富的实践经验，建立了完备的制度规范，培养了专业化的人才队伍。因此，传统媒体所做报道的专业性和权威性很强，在受众中赢得了一定知名度，塑造了自己的品牌形象。这种品牌优势是长期建立的，是新媒体在短时间内无法超越的。

4.1.2 新媒体的优势

在互联网快速发展和广泛应用的大背景下，以互联网为依托的新媒体迅速发展，充分利用先进传播技术，在与传统媒体竞争中抢得先机、赢得优势。

一是平台优势。新媒体依托功能强大的互联网，运用“点对点、多对多”的多向传播方式，传播速度很快。比如，柴静的《穹顶之下》，在多个视频网站播出后迅速引发巨大关注，而后又借助社交网络引发了巨大的社会讨论，传播速度之快令人瞠目。一封辞职信“世界那么大，我想去看看”瞬间引爆社交网络。这些案例充分反映了新媒体的平台优势、渠道优势。

二是用户优势。新媒体以丰富多样的新闻信息呈现形式，改善了读者的阅读体验，以良好的互动性、参与性，赢得了大量的受众粉丝，以高效的计算、精准的推送，提升了服务质量，增强了用户黏性，这些为新媒体的发展积累了巨大的用户优势。抢占了用户就抢占了市场，使新媒体发展纳入良性循环的轨道。

三是资本优势。互联网是具有变革性的传播技术，新媒体之所以发展如此迅速，就在于新媒体迅速抢占了互联网的入口价值。当互联网蓬勃发展，传统媒体日渐式微，新媒体凭借这一先机迅速赚取“第一桶金”。然后利用雄厚的资本加强技术开发，成功开发出微博、微信以及各类客户端，进一步扩大了资本优势。

4.1.3 传统媒体与新媒体优势互补

从上一部分分析可知，传统媒体具有资源优势、内容优势和品牌优势，核心是内容优势；新媒体具有平台优势、用户优势和资本优势，其核心是技术优势。传统媒体可以借助新媒体的技术优势和平台优势，改善用户体验，增强传播效率，不断提升传统媒体新闻报道的影响力。新媒体可以借助传统媒体的内容优势和专业优势，弥补自己原创优质内容不足的短板，以便在新媒体激烈竞争中占得优势。因此，传统媒体的内容优势与新媒体的技术优势完美互补。

胡颖认为，传统媒体与新媒体信息内容共享，传播技术相互依存。在挑战面前，传统媒体的最大问题就是如何有效地突围，突围不能仅仅依靠自己，相反，还要借助对手的力量，传统媒体可以采取有效的战略、战术，充分利用好支撑在新兴媒体背后的新技术，增加互动的成分，从而提升传统媒体的价值，为自己的生存创造条件。新媒体出现后，核心竞争力还是内容，而新媒体一定是靠传统媒体这个母体发展，因为母体是“内容生产商”，如果完全脱离传统媒体另辟蹊径，就是无源之水。综上所述，传统媒体与新媒体是优势互补、此长彼长的关系，这是传统媒体与新媒体融合发展的前提和基础。

4.2　大数据技术是传统媒体与新媒体融合的驱动力

大数据以“全体样本”分析“相关关系”来“预测未来”，引发了思维革命、管理革命和商业革命。当数据成为资产，数据成为商家竞相追逐的对象，因而加速了商业领域的资源整合，媒体领域无一例外地受到了重大影响。高钢教授认为，推进媒体融合的三大核心技术是：移动互联网、智能便携、大数据为基础的云计算服务。大数据已经成为驱动媒体融合的重要力量，其驱动力主要表现在加速资源整合、淡化产业边界和提供技术支撑。

4.2.1　加速资源整合

大数据正是因为具有“预测未来”的参考功能，使数据摇身一变成为了资产。资产作为商业活动的重要有形要素，必然成为商家特别是互联网商家竞相追逐的对象，进而调动了商业领域一切研发、生产、经营要素的整合。在“2014 年（第十四届）中国年度管理大会”上，阿里巴巴 CEO 马云表示，“阿里巴巴公司本质上是一家数据公司，做淘宝的目的不是为了卖货，而是获得所有零售的数据和制造业的数据。”阿里巴巴的数据战略只是商业领域资源整合的冰山一角，如今的互联网商业巨头无不把数据战略纳入公司规划，腾讯、百度、京东尽皆如此。

大数据引发的资源整合不仅仅限于商业领域，媒体领域同样如此。如今个性化、细分化、碎片化、交互性等已成为媒体发展的重要趋向，而大数据是实现这一趋向的必要因素。因而，媒体行业领域也纷纷把发展大数据作为公司的重大发展战略。新媒体凭借敏锐的嗅觉，在这一战略上已捷足先登。传统媒体在新媒体冲击之下痛定思痛、谋求革新，一些传统媒体想借助大数据实现“弯道超车”，人力、物力、财力等各种资源伴随媒体公司的战略调整而出现重新整合。

4.2.2　淡化产业边界

大数据之所以具有变革性影响，主要是因为大数据已经、正在或必将延伸到各行各业，甚至渗透到每一个领域的每一个毛孔之中，并变革人们的思维、生产、生活方式。大数据因而打通了行业与领域壁垒，清晰地把不同行业、不同领域连接了起来，已经或正在促进一些行业、领域间的融合。

媒体领域也不例外。范敏副教授认为：“大数据时代的到来必将加速且加深传媒业与 IT 业的融合，经济类媒体更是如此。”大数据不仅仅促使传媒业与 IT 业间的融合，还会促使传统媒体与新兴媒体间的融合，传统媒体与新兴媒体间的边界将越来越模糊。促进传统媒体与新媒体融合的动力，主要来自人类需求、国家战略、资本驱使和技术创新这 4 个方面。如今，无论新媒体还是传统媒体，都越来越意识到传播技术创新的重要性，传统媒体开始与新媒体竞相追逐传播技术创新，奋力抢占技术制高点，首要的是数字技术或信息技术。以数字技术和信息技术为基础的大数据技术，将促进传统媒体与新媒体的不断融合，它们之间的边界也将越来越模糊。正如吉林日报崔瀚文所言："信息新技术的不断创新和扩散，使媒体之间的关联性和互换性越来越强，你中有我、我中有你，这种状况标志着媒体融合发展的大趋势。"

4.2.3 提供技术支撑

大数据对媒体的技术支撑主要表现在 3 个方面。

一是通过数据分析，捕捉目标、锁定人群、寻找市场，针对性地制定媒体发展战略，拓展产业范围，延伸产业链条。当前大数据的内容涉及范围极其广泛，既包括事物的属性，也包括事件的过程，还包括用户的喜好。可通过分析用户的喜好和情感，分析事物的属性、事件的过程与用户的关联等，寻找潜在用户，打开潜在市场。密苏里新闻学院的副教授戴维·赫佐格举例说："芝加哥生活着许多使用西班牙语的居民，却没有西班牙报纸，我们通过咨询公司的数据调查发现了这一点，根据这一需求创办了 *Hoy*。"

二是通过数据分析，挖掘新闻线索，做好数据新闻和数据报道，不断增强报道的客观性和说服力。进入大数据时代，大量信息充斥于我们生活的方方面面、角角落落，其中真真假假、真假难辨，新闻的真实性问题日益突出。作为对世界的一种近似客观的描述方式和人类认识世界的中介，在此背景之下，数据在增强新闻报道的客观性与说服力上具有独特的魅力和优势。概括地讲，数据新闻的主要优势是：信息开源，流程再造；报道客观，说服力强；方式新颖，可视化强。做好数据新闻，主要是运用大数据技术，挖掘数据、整理数据、筛选数据、分析数据，进而从海量信息中找到有价值的新闻线索，最后通过可视化的方式呈现给读者。数据报道可广泛应用于时政、军事、社会、文化、体育等各类报道，对经济类新闻、调查性报道更为适用、更具意义。在谈到数据驱动的调查性新闻时，喻国明认为这将给媒体带来跃迁，可以提高媒体对社会现象的把握能力。大数据技术所带来的数据新闻和数据报道，无疑将引发传统新闻生产方式的变革，并改进新闻报道客观性的具体实践方式。

三是通过数据分析，掌握媒体用户的阅读习惯，实现精准推送和精准营销，不断改善用户体验，增强用户黏度。大数据最大意义在于分析和预测。实现精准推送和营销，就是要在恰当的时机，对合适的用户，推送有价值的信息。推送前要为每一个用户贴上各种“标签”，比如性别、爱好、生活习惯等，尽量充分地掌握用户的各种行为细节。运用大数据技术，通过数据分析，分析用户在什么时间，在什么地点，喜欢做什么事，有什么需求等，然后进行人性化、精准化推送。推送应当谨慎，防止盲目，否则易招用户反感，推送和营销效果与期望背道而驰。

4.3 传统媒体“两微一端”传播矩阵是媒体融合的实践探索

2014年，媒体融合上升为国家战略。中央及地方传统媒体开始探索媒体融合发展之路，“两微一端”传播矩阵成为近两年来传统媒体推进融合发展的重要实践探索，为推进媒体融合向深度发展积累了经验。

4.3.1 传统媒体“两微一端”的发展概况

“两微一端”是指微博、微信及新闻客户端。由于移动互联网迅速发展，新闻客户端在移动终端设备特别是手机上大量使用，“新闻客户端”也因而特指手机新闻客户端。

继网站、博客之后，“两微一端”传播矩阵如今已经成为大多数传统媒体的标配，成为传统媒体与新兴媒体融合发展、占领新阵地的一大战略武器，很多媒体创办了多个客户端。传统媒体在“两微”上往往都建立了“微传播矩阵”。根据“中国传统媒体新闻客户端发展报告”数据显示，2015年传统媒体开发的新闻客户端迎来井喷式发展阶段，目前新闻客户端数量已经达到231个，形成了“东澎湃，南并读，西封面，北无界，中九派”的格局。其中，新华社、人民日报、央视新闻均接近或超过亿级规模，但从整体来看传统媒体新闻客户端整体下载量偏低、用户数量少，还处于起步发展阶段。

4.3.2 从“借船出海”到“造船出海”的浅层融合历程

起初，由于技术成本、推广成本、经验欠缺等多种因素，传统媒体没有选择自己开发新闻客户端，而是纷纷登录门户网站等开发的微博、微信平台，推出各自的公众号。这种“借船出海”的做法有很多优势，其中最为主要的优势是成本低廉，微信开通公众号，每年认证费为300元，微博无需认证费。这样，借助新媒体的平台优势或称为渠道优势，传统媒体就可以便捷地推送自己的优质内容，迅速提升粉丝数量，轻松扩大传播力和影响力。其劣势是只能做内容提供方，在技术上完全受制于人,无法建立盈利模式。

随着网民上网不断向移动端聚集,手机新闻客户端的市场规模越来越大,2014年,传统媒体纷纷推出新闻客户端。6月11日,新华社推出“新华社发布”客户端,12日,人民日报客户端正式上线,7月22日,上海报业集团推出“澎湃新闻”客户端,中央和地方媒体纷纷投入到新闻客户端建设。在内容生成上,新闻客户端主要以UGC(用户生产内容)、OGC(职业生产内容)和PGC(专业生产内容)为主。由此,传统媒体的融合之路完成了由“借船出海”到“造船出海”的转变。如果说“借船出海”阶段传统媒体只是“内容”与“平台”的简单叠加的话,那么“造船出海”阶段,传统媒体则依托自有平台优势,在即时化、分众化、全媒体化方向上取得新的有益探索。

4.3.3 从“有形融合”到“无形融合”的未来发展趋向

移动新闻客户端在继承移动互联网特点的同时,也兼具新的特征。大部分新闻客户端整合了海量的新闻资讯,供用户个性化选择;多媒体的表达方式,即时传播;以用户为中心,强调互动性;界面简洁,操作便捷化。综合以上都体现了移动新闻客户端具有移动化、个性化、互动性、内容丰富化等特征。人民网新媒体智库发布《2015年中国网络视频产业生态发展报告》认为,网络视频越来越具有独立媒介形态,中国正在进入微博、微信、微视频和移动客户端“三微一端”的时代。从“两微”到“一端”,传统媒体完成了从“借船出海”到“造船出海”的转型升级。

但是当前传统媒体的融合转型仍属“有形融合”,仍属于物理式的“浅层融合”。真正的融合应该是“化学融合”,是理念、内容、渠道、经营、管理等全方位的融合,最终形成“你就是我,我就是你”。2016年上半年,传统媒体和新媒体“有形”融合逐步完成,中央和各地方媒体积极利用“两微一端”向新媒体转型。中国互联网络信息中心却分析指出,“媒体的‘无形’融合仍有待深入,传统媒体从思维到认识,从内容到渠道,从平台到经营,亟待实现深度融合”。

第 5 章　大数据时代媒体融合的竞争基石

传统媒体受到冲击，甚至出现“断崖式”滑落；新媒体迅猛发展，却“乱象纷呈”；各类媒介逐渐融合，“几家欢喜几家愁”。原本一些生产流程严谨、内容优质的媒体，其原创内容和独家新闻却被其他媒体轻松抄袭或复制，从而失去内容优势，造成大量受众流失和不可忽视的资源损失。

而“内容为王”早已不是什么新鲜事物，全球最大娱乐公司维亚康姆公司董事长兼 CEO 萨默·雷石东在20 世纪就已经提出来，并在国内外逐渐发展。但在如今媒体融合的大背景下，“内容为王”显然已经成为一个富有争议的理念，“渠道为王”“品牌为王”“流量为王”“技术为王”等说法纷至沓来，人们开始对“内容为王”产生了前所未有的质疑，这些困惑造成的不确定性大有撼动内容“王位”之忧。

“内容生产”似乎不再是媒体立足求生最决定性的部分。那么，“内容为王”的理念在当今媒体融合的时代背景下是否已然过时？构筑媒体竞争力的基石——“内容”，真的随着时代的发展、技术的更迭，被新的竞争优势替代了吗？

现如今，媒体正处于剧烈的变革当中，各种理念、秩序、模式都在被不断地挑战、打破、重构。渠道与技术趋于稳定和普及，亦开始步入成熟期，竞争空间逐步缩小，靠这些资源进行差异化竞争已不是优选。这也正是作为媒体竞争力基石的“内容”价值再一次凸显出来的时间节点。因此在现在这个时间点与时代背景下，“内容为王”理念亟须被呼唤，被探索，被重新定义。重新确立“内容为王”恰逢其时。

5.1　什么是“内容为王”

5.1.1　“内容为王”概念的模糊性与开放性

“内容为王”，一个开放的模糊概念。“内容为王”并不是一个新鲜的提法或者概念，自全球最大的娱乐公司维亚康姆公司总裁萨默·雷石东提出之后已有几十年的历史，学术界有许多人认为它是传统媒体的立身之本，但“内容为王”本身概念的界限十分模糊，并且是一个外延不断扩展的命题，人们对它的争论也从来没有停止过。

“内容”的重要性无论在什么时期都是不可否认的，在现如今内容产品数量与种类空前繁荣的融媒体时代，不论是业余抑或是专业的网络内容生产模式，内容都是制胜的基础和关键。UGC(user generated content)和IPGC(internet professional generated content)的出现就为内容“增肥”打下了富有潜力的基础。UGC即用户生产内容，每个网络用户生成自己的内容，内容总量增加，既广泛又不乏针对性。例如，百度贴吧以“兴趣”为分类界限，使用户根据自身偏好进入自己熟悉的领域，并不断自行添加相关内容。而互联网专业化内容生产模式IPGC是指将内容制作作为视频网站的核心，根据网站特点创造差异化、特色化节目。

而如今大行其道的数字技术，被以各种方式加入传播环节中，这给了“内容”新的机遇，内容与载体是彼此相连密不可分的，而现在内容对载体的依赖度明显降低了，这要归功于数字技术在传播中的特性，它让内容可以同时通过多个载体传播，还具备交互、流通的特殊性能。这样一来，内容不仅不会“受困”于特定的载体，甚至在新技术盛行的时代，得到了前所未有的传播方式的“自由”，而这种“自由”进一步放大了内容本身的重要性。

在媒体融合的大环境中，“内容”的定义进一步得到了扩展和延伸，甚至囊括、涵盖了所有生产者传播给受众的信息，正因如此，内容产业愈发兴盛。而随着技术、渠道的革新，传播由单向到互动、线性向非线性的巨大转变，内容的提供者也不再仅限于媒体的从业人员，现如今，人人都是受众，也可以随时成为内容的制造者。于是“自媒体”遍地开花，“内容”史无前例的丰富、多样，并根据受众偏好被细分。与之相对应的，“内容为王”的理念也随着“内容”的“增肥”而在融媒体时代下又有了新的内涵和生命力。“内容为王”这一概念模糊性很强，没有明确的外延，它的本身含义也被不断地扩展和充实，因此成为一个不断被讨论的热点。

目前，新媒体如雨后春笋一般涌现，从经验来看在某种新的渠道形式刚刚开始流行的时间节点，渠道的技术优势会赋予媒体相对较强的竞争力。然而，当渠道发展到某一阶段之后，由于技术和功能都趋于稳定，其发展就会遭遇瓶颈，随之而来的渠道与技术的稀缺性降低，相应的渠道竞争力逐步递减，而在这种状态与趋势下，内容优势又重新成为打破媒体竞争平衡的决定性要素。

新闻传播史，就是一段漫长且不断发展的以传播内容为核心的历史，尽管媒介的形式随着时代的发展不断改变，媒体不停地更新换代，受众的需求也越发多样，但媒体最基本与核心的业务仍然是生产内容，因此在推动媒体融合发展的进程中，首当其冲要做好内容生产的融合，将新时代下的“内容为王”理念融入思想和行动中。

5.1.2　“内容为王”概念的缘起与发展

“内容为王”思想最早的提出者，业界普遍认为是维亚康姆公司董事长兼CEO萨默·雷石东。

在1990年维亚康姆公司发展刚刚起步的时候，萨默·雷石东就喊出了“谁做传送不管，我就是要放上最好的内容”的口号，这个口号为维亚康姆公司指明了前进的方向。维亚康姆公司靠内容取胜的竞争策略很快扩展到传媒以外的其他行业，本身也逐渐成为全球最重要的内容提供商。萨默·雷石东以他的从业思想理念为基础，阐明了内容对传媒企业的决定性作用。一个媒体必须传送优秀的内容，假使内容不过硬，即便用多么华丽的技术和渠道也不能被受众接受和认可，纵使一个节目脱离了内容真的靠渠道等引起了公众的注意，这种关注度也不会持久。在这个从业理念的引导下，维亚康姆公司在海外市场成为一个仅仅依靠纯粹内容占有竞争优势的业界标杆。

萨默·雷石东于2002年7月30日，应邀到北京发表了《世界传媒业的过去、现在和未来》主题演讲，演讲中再次提到传媒业无论何时，都必须坚持这样的理念——“任何传媒的基础是内容，内容可以创造品牌，可以成就未来，可以给人们的生活带来有价值的信息，如果用一个词来形容内容对传媒的重要，那么内容就是国王。”并结合中国的国情，指出中国媒体需要创造出符合中国文化传统、反映中华民族精神的好内容。由此可以看出，内容是传媒产业的重心；能够满足受众需求的内容才能为企业带来价值。

国内媒体也清楚地认识到了这一点，早在1997年互联网在中国刚刚起步的阶段，《北京青年报》就曾指出当时互联网媒体发展不重视内容建设，导致网络媒体信息资源匮乏，并引用萨默·雷石东的理念提出了互联网媒体要以“内容为王”。

之后2003年中国传媒投资峰会在北京召开，会议上中国人民大学喻国明教授提出了“内容为王”这个关键词，并提出传媒业要将注意力放在两大经营重点上，首先就是内容的生产，之后是渠道的建设。他认为传媒产业始终传递的是信息，是内容产业，再便利的传播渠道如果离开了优秀内容的支撑也是白白浪费，加强内容建设会比渠道建设更加事半功倍。3年后，蔡雯教授研究了媒体融合对新闻传播的影响与作用，并在我国较早地探索了新闻融合的理论与实践。

喻国明的文章《传媒发展：从“内容为王”到“产品为王”》（2007）在*NEWS WORLD*上发表，文中指出在新的发展阶段“内容为王”应有所突破，提出了新的概念“产品为王”，并给出了“产品为王”的三要素——载体、资讯（内容）和规则。

刘琴在其博士论文《数字化背景下报纸内容生产及其管理研究》（2010）中提

到，应当充分释放报媒知识产业特性，以内容为突破口，针对报媒自身的独特性改造产品形态、再造流程，打造适合报纸媒体在数字化时代生存的新型组织形态。

5.1.3 重新确立"内容为王"恰逢其时

虽然各类要素为王的言论纷至沓来，但在最近一两年里，"内容为王"理念被越来越多的人所提及。关于"新媒体时代依旧内容为王"的观点在理论界不断被确认，更有人直接断言"什么时代都是内容为王"。

首先，传统媒体尤其是纸媒发生"断崖"式滑落的原因并不是人们不需要这些媒体生产专业、严谨的内容了，恰恰相反，传统媒体因为其内容的权威性和真实性，依然把持着舆论发展的风向标，甚至人民日报等媒体，在迅速融合后利用微信公众号等传播端口占据了更广阔的用户市场。而传统媒体滑落的根本原因是互联网时代所带来的新渠道、新技术、新思维、新模式需要消化与整合，传统媒体在突如其来的冲击下必然会有一段适应冲击的过程，这也是一次传统媒体优胜劣汰的进化契机。但最终还是要靠优质的内容取胜。

其次，"内容为王"理念在互联网时代并不会与数字化、网络化冲突，可以说，无论在什么渠道上，用什么技术进行内容生产，其核心都还是内容。而技术与渠道更是会丰富内容的传播方式和种类。这里举一个例子，具有代表性的财经期刊《经济学人》，将传统的纸质报刊与电子版报刊同时运营。并运用了一种类似于捆绑销售的手段——订购纸质版才可以获得电子版。而它的用户竟然很好地适应了这种销售模式。从根本上讲，并不是消费者喜欢被财经期刊捆绑消费，而是期刊本身一直提供着高品质的内容，其专业性、权威性造就了不可替代性，直接从根本上为用户提供了选择他们所生产的内容产品的理由。

机遇从来就与挑战相伴相生。当前媒体的融合变革，"内容为王"确实已经并正在经受着各种挑战。但同时，也同样为"内容为王"带来了机遇，使其重新凸显自身的价值。"内容为王"之所以可以成为传媒行业的圭臬，其本身就有历史的必然性，也昭示着"内容为王"本身所拥有的巨大价值。从本源来看，传媒是信息服务行业，传递的是信息，信息即内容，是媒体运营的产品。同时，媒体产生的经济效益是注意力经济，只有内容做得好，才有可能收获海量的注意力资源，从而赢得市场。一个优秀的传媒品牌，必然有优质内容作为核心与支撑。只有以内容为中心，媒体的其他要素如广告、发行、形象包装等才有实际价值。倘若媒体只注重外在表现，而脱离内容本身，那这些外在要素就像离开了大树的落叶一样，随风飘摇，无以生存。因此媒体是不可能脱离内容而存在的，而且应当把内容视作安身立命之本。

从目前的形势来看，新媒体也开始清醒意识到内容的重要性，加大力度占有优质内容资源，培养内容生产能力，逐步将备受传统媒体推崇的“内容为王”理念灌入自身发展的骨血之中，并为此展开了激烈的竞争。这里有一个有趣的例子，近年来，各家视频网站对于视频资源的竞争愈演愈烈，其中自然也包括动漫视频资源的版权归属竞争，这直接导致了以“宅”著称的“B 站”用户不得不转战他方，经常可以在优酷等视频网站上看到一些用户刷出的“B 站难民”之类的具有调侃性质的弹幕。

当然，这种因版权被购买，致使内容下架，最后用户跟随内容资源转移的状况并不罕见，去年网易云音乐曾大批下架韩文歌，腾讯音乐与阿里音乐还达成了音乐版权互授问题的协议——彼此拥有对方曲库的播放权。为了争夺用户，所以争抢内容，在这种日渐司空见惯的情境上演的同时，也是新媒体内容竞争的激烈程度与必要性的体现。

越是深度融合，新旧媒体恰恰越应该坚持“内容为王”，这是“内容为王”自身内涵得到的历史必然性。是媒体发展选择了“内容为王”，“内容为王”也成就了媒体的辉煌。

美国新闻研究所（American Press Institute）在 2006 年公布了一份关于报业转型的报告《下一代报业：转型的蓝图》。报告指出，美国多数报业的数字化转型只是“用新技术复制旧内容产品”，没有满足“非媒体消费者”和“媒体消费者”不断增长的需求。同时报告还建议，报业传媒应当采用新兴传播技术，增加互动（interactivity）、搜索（search）、可扩展（scalability）、可定制（customizability）等功能，通过建立数据库、成立用户互动交流平台、组织网络社区 3 种新的基础传播架构，生产“新闻之外（beyond news）的内容”来吸引受众。

时代不断发展，媒介生存环境也经历了沧海桑田般的巨大变化，如今媒体融合已发展到一个相当深度，在这个背景下，尽管学界和业界各种“王”的思想不断地挑战着“内容为王”思想的权威和地位，但这些“王”观念并不能作为媒体融合的路标，并没有指出未来媒体发展的道路，只是在较短时期内媒体对其所面对的挑战的一种暂时性、短期的妥协，渠道、技术、服务、广告始终是围绕着内容的“枝叶”，切不可本末倒置，如果真以这些内容之外的要素“为王”的思想作为准则的话，媒体无异于饮鸩止渴。只有始终坚持“内容为王”，全面深入强化内容，才能让媒体在新时代发展的道路上走得更久更远。

现如今，媒体正处于剧烈的变革当中，各种理念、秩序、模式都在被不停地挑战、打破、重构。现在是变革得最猛烈的时期，同时也意味着渠道与技术逐渐步入成熟。渠道与技术正在被稳定和普及，竞争空间逐步减小，靠这些资源进行差异化竞争已不是优选。这也正是作为媒体竞争力基石的“内容”价值再一次凸显出来的时间节点。因此在现在这个时间点与时代背景下，“内容为王”理念亟须被呼唤，被探索，被重新定义。重新确立“内容为王”恰逢其时，重构“内容为王”理念内涵有其必要性和特殊的时代价值。

5.1.4 “内容为王”的内涵重构

互联网时代到来，媒体融合的步伐笃定稳健，新技术、新渠道、新思维甚至新模式……这是一场传媒产业的整体变革，而相应的，传统的“内容为王”理念显然也已随着时代的发展有了新的内涵。

当受众的选择随着媒介革新而增多时，受众的需求对于媒体来说成为更重要的内容生产指标。在传统媒体、包括众多自媒体的新媒体“百家争鸣”的前提下，只有切实深入了解受众需求，按照用户偏好对内容生产方向进行细分，受众需要什么生产什么，不仅仅生产媒体自身需要传播的信息，还要主动制造用户想要且喜欢的信息，“精准适配”才是现下互联网时代的“内容为王”。

而如今的“内容为王”理念更不是一门心思“闭门造车”，传统媒体与新媒体各自“圈地”，你利用你的权威性生产严谨公正的新闻，我用我的互动性占领趣味、爱好这片市场。显然，这违背了媒体融合的大趋势，也适应不了如今竞争激烈的内容市场。媒体融合时代的“内容为王”是要传统媒体与新媒体互相取长补短。就比如传统媒体要主动贴近受众，学习新媒体的趣味性、可读性，并利用新手段、开辟新渠道来与受众互动。而新媒体更要学习传统媒体的社会责任感、权威专业性，生产出真实且值得信任的新闻。要说传统媒体与新媒体在内容上彼此可以并需要融合发展的元素太多了，这里就不一一枚举了。综上，在媒体融合时期，“内容为王”理念内涵中自然也必须包括“内容融合”的思想。

现如今，新的媒介和技术使内容具备了新的内涵。内容可以利用文字、图片、音频、影像等其中几项同时来表达，它的传播方式可以是单一的，也可以是一个组合，而根据信息的性质与受众偏好，同一信息可以加工生产出更多种类的综合性信息产品。再加上网络媒体信息传达的高速度与低廉的接触成本，内容产品以一种史无前例的速度丰富并传播。这种被注入新鲜血液的内容，使如今的“内容为王”理念充满了与技术和渠道碰撞的活力与新内涵，将优质内容制造的思路扩展到更大的范围——运用一切可以提升内容品质的事物来满足用户最迫切的需要，给用户创造一个良好的体验，遵循着这样的理念才能生产出更好的内容，也是现在需要的“内容为王”。

又或者说，“内容为王”的“内容”在互联网时代有了更加广阔的涵盖范围，其具体表现为“狭义内容”“产品形体”“渠道占有”三位一体。而以往定义的狭义“内容”

如今看来已过于狭隘和片面。更有学者认为，新时代下应该赋予“内容为王”新的内涵。随着通信技术的革新和媒体的发展，内容本身已经“增肥”，原本的渠道、形式、服务、体验均已融入内容当中。因此，无论是服务、渠道又或者是技术与品牌谁为王，归根结底还是“内容为王”的不同表现形式，其实质可以说是“换汤不换药”。从这个角度来看，传统媒体和新媒体在“内容为王”理念上具有一致性和传承性。这一点也可以从“内容为王”的提出者和倡导者——萨默·雷石东的观点得到证实，他在最初提出内容重要性的同时，也在一定程度上肯定了市场和渠道的作用，而萨默·雷石东接下来提出的品牌战略，也是一次对于“内容为王”理念的增补。

媒体融合进程中的种种事实也告诉我们，“内容为王”和渠道的更新换代之间并不矛盾，这些多样化的变革走向不仅不会降低“内容”的重要程度，反而会愈发促进内容的多元性，促进内容更生动地展示给公众。纵观近年来媒体的发展，不难发现，在某种新媒体技术和平台进入公众视野的初期，各媒体厂商的竞争主要围绕着技术和平台，一段时间后，当渠道发展到某一阶段时，由于技术和功能都趋于稳定，其发展就会遭遇瓶颈，随之而来的渠道与技术的稀缺性降低，相应的渠道竞争力逐步递减，而在这种状态与趋势下，内容优势又重新成为打破媒体竞争平衡的决定性要素。因此，当我们站在战略发展的高度看待媒体的发展时，就很容易得出这样的结论——纵使形式千变万化，其本质依然遵循着“内容为王”。

全球化、信息化随着传媒产业迅速而全面的变革进一步加深，跨文化传播越发便捷且迅速，现如今的“内容为王”理念也要跟随时代的步伐将格局变大，不仅仅将关注点放置于本土内容资源竞争，更要打开眼界向外看。文化软实力已经无可厚非地成为一个国家综合实力评判的标准之一，而文化产品的输入输出更影响着全球内容产业的风向与内容经济的走势。甚至潜移默化地影响着一代人对于不同文化的好恶。因此盲目或者故步自封的传统自产自销显然已经不符合整体的发展走向，要将内容产品做出自己的风格，要将本土文化融入内容的骨血“销售”出去，同时对文化输出领域进行风俗、习惯、理念等市场细分，把握好多重文化维度，用国际视野打造优质本土内容，利用更加开阔的“内容为王”理念占领国际市场，让本土文化成功输出并占领国际内容市场。

总而言之，“内容为王”理念并非是一句空喊的口号或者一种一成不变的既定概念，在渠道、技术、理念、模式等不断变革的现实实践中，它的内核随着时代的发展在不停地革新，因此它的内涵也更加需要被不断地探讨与重构，以切合现实实践的需求。

5.2 “内容为王”内涵重构的必要性

5.2.1 传统媒体转型的需求

5.2.1.1 传统媒体陷入困境亟须转型突围

互联网惠及全民取得新进展，移动网络促进万物互联。互联网络的蓬勃发展，直接改变了媒体格局，传统媒体遭遇了前所未有的危机，促进了新媒体时代的到来。互联网环境下，传播主导权向个体回归，传播活动的参与者日益多元，“产消融合”使信息的生产模式发生改变，传统媒体对内容生产的独占性权利被逐渐消解，渠道优势衰落，对受众群体的服务优势亦日渐丧失，生存遭遇危机。如何求存？怎样转型？失去的市场和受众通过什么途径找回？是传统媒体迫在眉睫需要正确作答的问题。

这是一个每时每刻都有新事物呼啸而来的时代，新的技术和信息渠道给传统媒体带来了可以说是“摧枯拉朽”的巨大冲击，但受众对于媒体的根本需求依然是信息，互联网时代的到来，新媒体的崛起，对于传媒产业不仅不是打击，相反是一次充满力量的“新陈代谢”。新时代、新媒介、新渠道、新技术、新传播模式、新经营模式、新需求，这些都是传媒产业活跃的基因和血脉。在这些动荡、变革与维新中，内容地位不变，仍是立身之本，竞争之核心。

传统媒体与网络媒体之间的竞争说到底就是内容的竞争。面对网络媒体的竞争，传统媒体的生存规律其实很简单：以内容赢得更多读者，满足各种类型的受众与内容提供者的需求。

5.2.1.2 传统媒体不可忽视的自身优势

传统媒体的权威性公信力。显而易见，是否可以生产出符合受众口味的内容，是否占有足够的优质内容生产资源对于传统媒体的生存与长远发展来说至关重要。皮尤研究中心（Pew Research Center）于2014年发布了一份主题为“美国政治两极化和媒体习惯”的研究报告。报告中涉及的媒体共36家，共有2 901名受访者，按受访者信任度排序，新媒体不仅无缘前十，一直到第14名才仅仅出现了一家。而“名列前茅”的传统媒体例如CNN、ABC News和NBC News，都有90%以上的认知率，信任度徘徊在50%左右。除新闻聚合器Google News（25%）和Yahoo News（20%）外，Huffington Post被认为是最可信的新媒体（18%）。但跟排在前面的传统媒体相比，信任度要低得多。Slate 和 Buzzfeed 的信任度更是在5%以下。这些数据说明，虽然新媒体的迅速崛起，造成传统媒体用户大量流失并转移，但是公众对于传统媒体的信任并没有随着新媒介的普遍应用而丧失，相较于自媒体、视频播放平台等这些后起之秀，公众更加认可传统媒体的权威性公信力。而这也符合传统媒体相较于新媒体的特点：更加的公正、专业、权威。传统媒体具备严谨的采编体系和成熟的审核制度，同时配备了一大批高素质的专业内容生产者，擅长生产高品质内容，并具备深入、客观解读事件的能力，这个群体同时也具备良好的政治素养和敏感度，在解读政府举措、宣传国家大事上更具权威性。与此同时，传统媒体的社会认知度也往往高于数量庞大且五花八门的新媒体，更容易取信于受众。因此，传统媒体在媒体融合背景下，相较于新媒体，内容上仍具备自身优势。因此传统媒体要想在媒体融合时代打好"翻身仗"，就一定要抓住"真实"二字，遵循"内容为王"的理念，做最真实、最可信、最权威的新闻。传统媒体内容的权威性和公信力是在舆论场上的强大武器。

传统媒体内容的专业性和深度调查与解析。传统媒体在深度报道方面具有新兴媒体"碎片化"传播所不具备的先天条件——成熟专业的报道体系、采访权以及书籍、报纸等适合深度阅读的传播介质。相对于依托移动互联网形态的新媒体而言，传统媒体的运营模式是经过千锤百炼的新闻生产专业化的模式。这些专业性质更强的分工，也是内容制造进程中无数实践积累而来的结晶，代表着挖掘内容深度的实力与能力。这恰恰是多数"提笔就写""长于复制"的质量不佳的新媒体所不具备的。与此同时，这些传统媒体已经形成了"集团""机构"，这种本身具备一定公信力与合规采访的模式，使媒体工作者能更方便深入新闻事件本身，挖掘更加全面、深入的信息。在这个利用碎片时间在任何场合接收信息的"低头族"比比皆是的年代，这种碎片化、"快餐式"的阅读方式，已经形成了互联网时代标志性的浅阅读模式，而这种浅阅读也是新媒体阅读的主要特征之一。而这种阅读方式往往不具备完整的知识架构，都是断续的知识碎片和粗浅加工后的信息点，内容往往浅薄简短，直接灌输，很少能留给受众深入思考的空间，甚至由于造假的成本极低，导致这些信息鱼龙混杂，普通受众更是难辨真假。这就直接导致了受众在浅阅读的模式与粗制滥造的内容中疲于思考，甚至被误导。与此相反，传统媒体如书刊报纸就可以给受众提供慢阅读的机会，同时深入而专业的内容更为它们的读者带来了深入思考和分析的空间以及更加全面准确的信息，从而获得高水平的阅读质量。坚持做真实、权威、专业而有深度的内容，综合发力，提高公信力、原创性、可读性等，重构"内容为王"的理念，生产出真正有热点、有亮点、有卖点的高品质内容产品，应该是传统媒体筑牢品质根基，开拓未来转型发展之路。

5.2.2 新媒体数字发展的需求

现在是媒体变革最猛烈的时期，同时也意味着渠道与技术开始步入成熟的时期。渠道与技术正在被稳定和普及，竞争空间逐步减小，靠这些资源进行差异化竞争已不是优选。这也正是作为媒体竞争力基石的“内容”的价值再一次凸显出来的时间节点。甚至有人说，2018年新媒体趋势是：大航海时代结束，圈地运动开始。

现如今，单纯地占有技术已不能拔得头筹，渠道优势也日渐式微，“优质内容”的核心竞争力随着市场的逐步稳定，在新媒体数字发展中已然崭露头角。

5.2.2.1 “优质内容”是数字出版突围的关键

提到新媒体就不得不提到另一个词，数字出版。从概念上讲，新媒体是以数字方式进行传播的媒介形态，是数字出版的必然呈现形式。我国数字出版的产品形态在“十一五”期间基本显现，囊括了数字音乐、电子图书、网络地图、网络游戏、数据库出版物等。由于其强大的市场潜力，被认为是今后文化产业中的主要增长点。而有效的数字出版盈利模式却仍在探索阶段。

尽管我国的数字出版行业飞速发展，网络原创文学、网络动漫、网络音乐、网络游戏等数字出版产物盛行一时，但由于内容得不到应有的重视，奖励分工不明确，版权保护欠缺，著作人无法获取应有的报酬，导致产业盈利链条无法正常衔接，而这又反过来对数字出版产业的优质内容制作能力产生副作用。正如众多在向新媒体转型的传统媒体，做出了移动客户端、电子报、微信公众号等一系列产品，由于奖励机制不完善、引导方向不明确等问题，在内容转变上似乎“十分惫懒”“换汤不换药”，换了载体“内容”却一成不变，最后只留媒体融合的“壳子”，内容上并没有根据载体进行转变、加工，受众不买单，向新媒体转型自然也进行得不顺利。

显然，内容生产上根据渠道进行革新不仅是新媒体发展的重要前提，也是数字出版这种新型传播业态需要坚定的前进方向。而要想做到这一点，就要“从头到脚”进行改造，其最核心的一点就是：重视生产、保护、变革内容，在数字出版中为适宜的优质内容开辟良好环境。从源头完善数字出版产业链条，“先治本”，进而探索符合我国国情的数字出版盈利模式。

5.2.2.2 “内容为王”整顿新媒体乱象

媒体融合的现实状况是，许多媒体从业者因“内容剽窃”的暴力性与对应的“原创内容”的不景气失去了对优质内容的追求，进而大肆“复制粘贴”同流合污，或是将有限的资源投入打渠道、技术、品牌等元素的差异战中。在保证内容质量上资源和资金匮乏，直接导致了新媒体尤其是自媒体，由于缺少成型的规范体系和内容生产机制，内容生产能力弱，互相抄袭导致内容严重“同质化”，已经成为普遍存在的问题，并饱受诟病。

在无法保证内容质量的情况下，就停止对内容生产的投入，转向别处常使用一些“投机取巧”的方式获取市场，对于现今日趋稳定的媒体融合背景下，无异于饮鸩止渴，这种投机取巧更阻碍着互联网时代中的融合发展。

“传统媒体的草养大了新媒体的羊。”传统媒体人在勤恳地根据既有模式进行内容创造后，被新媒体简单“借用”，这已经是业界司空见惯的日常。互联网自身快速、广泛的特性，新媒体崛起的速度远超以往任意新兴媒体占领传播市场的速度，却也无法否认，新媒体“同质化”严重，胡编乱造、标题失实、肆意剽窃大行其道。当然，同样传统媒体自身也不无责任。传统媒体在优质内容生产上有其健全的机制和丰厚的资源优势，但对内容版权的维护意识与手段薄弱，导致未能在颓势刚起的时刻及时对内容剽窃给予有力反击，导致大片市场被“内容复制者”瓜分。而如今在媒体融合步伐逐步趋稳的时代背景下，重提“内容为王”，加强内容版权保护，新媒体行业中内容同质化、标题党、剽窃等乱象都可以得到遏止。这也是媒体发展的一步重棋。

5.2.2.3 “优质内容＋网络链接经济”

互联网时代的到来改变了传播方式，也因此影响了经济模式。在这样的大背景催生下，具有网络特质的链接经济伴随着新媒体应运而生。美联社曾在2008年要求部分摘录或链接其信息的网站将内容删除，而网站方却并不认为自己的行为属于剽窃，反过来声称他们是在无偿帮助美联社推广其内容。本次冲突很有趣味，新旧媒体各执一词，旗帜分明地代表着各自的立场。不论最后结果如何，我们可以看出，网络链接为内容提供了更广阔的传播范围，可以说，这种链接模式大大提升了内容的传播效率和社会价值。

显而易见，当原创内容遇到链接经济，一个“链接”就可以理论上被无限蔓延地传播出去，而在这种链接经济的环境中，简单地进行内容复制显然无法让受众买单。因此，新媒体的链接经济从某种意义上讲，虽然挑战了传统媒体的经营模式，但同时“优质内容＋网络链接经济”这种组合经济模式将使网络传播走得更远，这也是网络传播运用“内容为王”理念于经济模式上的重要一步。

5.2.3 媒体融合发展的需求

随着技术的革新，新媒介的崛起，媒体融合的浪潮波涛汹涌。把传统媒体与新媒体对立起来探讨，显然已是荒谬的研究逻辑，传统媒体与新媒体，已是相辅相成，互相促进，彼此融合的媒体形式了。传统媒体借助新平台扩大受众，与新媒体融合获得更充足的养分；而新媒体则从传统媒体中吸取宝贵经验、学习其系统体系以及吸纳其专业人才，共同谋求发展。

5.2.3.1 媒体融合，渠道越多内容越重要

诚然，媒体融合一定程度上冲击了媒体“内容为王”的地位，但如果这样就说新时代“内容为王”遭受了前所未有的危机，那目光就未免过于狭隘。媒体人应该看到新时代为“内容为王”带来的广阔发展空间。如渠道方面，过去广电行业一直对广播电视节目传播渠道实施垄断手段，而“三网融合”打破了垄断的局面，促使广播电视节目传播渠道多样化，将渠道的影响力进行了大规模的压缩，将整个传媒行业的视线拉回到内容上，越来越多的企业对内容资源把握得严苛起来。包括近年来优酷、爱奇艺、腾讯视频等各家视频网站对于视频资源的竞争愈演愈烈，腾讯音乐与阿里音乐达成了音乐版权互授问题的协议……都说明媒体对内容版权的争夺意识开始提高，媒体之间的收购战迭起，这其中蕴含的就是内容版权争夺的必然性后果，也从侧面反映出内容在当今时代的重要性。

当媒体传播的渠道越来越多时，渠道的竞争优势就逐渐衰弱，内容的重要性就逐渐凸显，媒体受众的大量注意力也会被优秀的内容吸引。各种平台为了营造良好的用户体验，就必须依赖于内容定制。内容的不断更新和充实才能填满技术和渠道迅速发展带来的需求空间。同时，技术和渠道的迅速发展也给企业带来了多元化的创收模式和巨大的利润空间。所以说技术和渠道与内容之间的关系并不对立，而是互相依赖、相辅相成的，优秀的内容需要新技术新渠道进行传播，而技术越进步，渠道越发达，对内容的依赖就越发强烈。媒体融合，渠道越多内容越重要，越是在技术、渠道多样、发达的时刻，内容生产企业越是应该，并且最后一定会将投入回归于内容制造中。

5.2.3.2 “内容为王”是媒体长期发展战略与根基

媒体融合的进程一直在推进，互联网时代给了媒体诸多机会和挑战。面对残酷的竞争，媒体求存占优的方式可谓“五花八门”，一些运用新渠道、新技术的媒体也许在短时间内可以崭露头角，获得市场和盈利，但是从长远发展来看，这种外在因素造就的“卓越”会随着媒体融合进程的快速推进、技术渠道的稳定普及，逐渐“泯然于众”。商品，尤其是内容商品，在与众多同质商品竞争中，必须有自己的特性才能站稳脚跟，才能被消费者“看到”。

但现如今许多媒体组织不仅不“精耕细作”，将受众细分，打造自己的内容优势，相反在不具备渠道资源、技术资源、优秀人才队伍的前提下，盲目地“照搬照抄”一些“模式”，为了建立自己的平台而建设新平台，并用这种无差异、无优势的平台来与其他媒体进行竞争，谋求可能会获取的一时之利，这种只图“眼下”不求“长远”的经营与创造模式只会浪费资本与人力、物力。甚至很多媒体具备很好的构想，最后也因为对于内容的疏忽无法良性经营。这是诸多经营者较为短视的弊病。

有这样一个发生于2011年的案例，美国新闻集团董事长兼CEO罗伯特·默多克(Rupert Murdoch)在平板电脑兴起时，抓住了新渠道，进而创办了iPad电子版报纸*The Daily*。由于平板电脑的特性，其设计视觉效果极佳，但默多克并没有在内容上下太多功夫，导致内容平平无奇。未曾想，这是一个致命的问题，直接导致了这次大胆的新渠道尝试最终以失败落幕。这个失败再次说明，“内容为王”才是媒体长期发展的战略选择，优质的内容是媒体存活的基础与最终保障。

5.2.4 媒体融合背景下市场的需求

5.2.4.1 “内容为王”是受众信息需求的核心竞争力

内容是所有媒体的根基，媒体要始终围绕着内容来建立自身的影响力和公信力，不可能有脱离内容的媒体存在。作为核心竞争力，即便在媒体融合的时代背景之下，内容作为媒体竞争力之本的情况依旧不会改变。甚至在如今技术、渠道日益成熟的情况下，用户对于“内容”的要求进入了一个新的高度。

另外，在媒体融合背景下，“点击率”“流量”目前已经成为媒体实现经济效益的重要指标，也是众多广告商衡量媒体价值的重要标准。近年来，“女神进化论”“十点读书”“视觉志”等阅读量动辄“十万加”的公众号，就是有针对性的、精工细作的优质内容占有“点击率”的一个力证，当然也从某种程度上表明了“内容为王”在当前的影响力和价值所在。而就在2013年，《经济学人》科技版主编Tom Standage在访谈中提到，无论是纸质版还是电子版，都是内容的一种输出媒介。并表示，信息的碎片化导致高质量新闻需求凸显。随着整个消息环境越来越复杂，筛选重要的新闻，而且把消息精装化，读者对于这种优质新闻的需求在不断上升。纵使传播方式和传播技术千差万别、千变万化，其传达的“内容”本质是一成不变的，而受众的最基本需求正是这些有价值的内容信息。如今社会节奏越来越快，公众获取信息的欲望空前巨大，各种信息通过不同的渠道如井喷一般涌现出来，公众对于信息的接收虽然可以根据个人偏好加以选择，但是在更多的时候，都是毫无防备地“裸露”在繁杂的信息之下，这种被动而直接的接触，往往导致公众们在接收信息时更加盲目和惶然。面对这样的情况，媒体就必须将内容加工得更加精细，不仅再是简单的信息传播，将内容制作得适宜、“对口”，只有这样才可能满足受众越来越个性化、多元化的需求。

而从腾讯微信公众号2018年4月的100强榜单分析，公众号排名前四的分别为人民日报、新华社、央视新闻和人民网，虽然几家权威主流媒体一马当先，但“冷兔”“十点读书”“冷笑话精选”等新兴日常生活娱乐类公众号也紧随其后名列前茅，整体排名远超众多新闻类传统媒体的公众号。在这个时代，受众“兴趣”的竞争力已不容忽视，进行了恰当的“内容深耕”与“精准定位”意味着抓住了具有无限潜力的受众市场。

5.2.4.2 “内容付费”催生“内容创造”新格局

2016年似乎是互联网行业“为内容付费”的转折点。《纽约时报》的网上付费读者比上年度增加了50多万人，数字订阅收入增加了17%。《华盛顿邮报》和《华尔街日报》的数字订阅收入也几乎翻了一番。*Netflix* 在2016年最后一季度的订阅增长为700万，创下了公司的历史纪录，目前总订阅人数已经接近9 400万人。付费订阅量持续高增长，不仅仅为内容创造者在媒体融合时代提供了求存环境，也意味着传媒产业的巨大变革。

在国内，“内容付费”催生“内容创造”的格局也初现端倪。马化腾就表示要将他们的视频服务做成中国市场的领导者，腾讯公司2017年的财务报告显示，目前腾讯视频拥有6 259万的付费用户，在国内市场是首屈一指的，这一报告充分表明中国内容付费市场的巨大潜力。

在腾讯视频挖掘了如此大量用户的同时，另一家网络视频巨头爱奇艺也在2018年2月底递交了招股书，宣布将于2018年3月末登陆纳斯达克。在这之前的一次爱奇艺IPO路演PPT中曾显示：截至2018年2月28日，爱奇艺订阅用户数达到6 010万人。内容付费这种模式为视频网站开辟了新的格局，成为新的营收增长点。

对于互联网视频网站来说，用户数量需要长期地积累，恐怕一时间难以快速增加。在这个方面，爱奇艺给所有视频网站树立了一个很好的标杆。2018年号称“街舞综艺元年”，在此就以爱奇艺推出的自制综艺节目“热血街舞团”为例，作为一款舞蹈类的综艺节目，经过精心的设计后，构架呈现就像一部12集连续剧，并不负众望地成为“超级网综”。这档S+级项目的总监制，爱奇艺高级副总裁陈伟曾在接受采访时表示，近两年综艺招商情况不佳，却是去粗取精的过程。代表了如今客户的鉴别能力与投资目标更加清晰，对品质的需求更是大幅度提升。在这样的大生产时代,更需要细分和专业化,因此工作室从小而全改为只负责内容,所有的公共服务由公共服务部门来负责。这样就能够让在工作室中的导演、编剧以及制片人专注进行内容创作,并能够极大提高工作室的内容创作效率和发挥优势。用有效完整的运营模式打造出了属于自己网站的优质独创内容,并以此获得可观的收益,其成功经验值得其他视频网站借鉴和学习。

据来自 Vlinkage 的权威数据显示,腾讯视频和爱奇艺几乎包揽了 2017 年全网热播 TOP 20 电视剧中的八成左右,腾讯视频拥有 16 部,占比达到 80%,而爱奇艺则以 15 部的成绩位居第二。在综艺方面,腾讯视频 45%(9 部),爱奇艺 40%(8 部)。腾讯视频能够击败其他视频网站摘得桂冠还有内在的原因,其拥有广大的内容覆盖面,而且其背后的企鹅影视及腾讯动漫、腾讯阅文等大 IP 也为它的发展提供了诸多有益甚至说是得天独厚的内容资源。

而内容资源与质量也决定着网站的用户黏性。APRU 是指每用户平均收入,腾讯视频全年月的 ARPU 达到了 13.9 元。广告收入也在一定程度上体现网站流量的质量和变现能力的高低,因为只有大用户量的网站才可以拥有巨额广告收入,在这方面腾讯视频不出意外地位居第一。

好的内容可以吸引用户,有用户才有广告营收,有营收才可以投入制作更多的优质内容,这就成为一个有多重可能的良性循环链。而在这个环节中,可以看出——优质内容是营收的关键。

在内容付费的“星星之火”点燃的时候,“内容”就已经成为产业中竞争资源的核心,“内容为王”更成为抢占市场的潜在规则。

5.3 “内容为王”理念内涵重构路径探析

5.3.1 适应非线性传播,增加内容的互动性

在互联网时代,所有信息以数据库的形式储存,储存信息的流程不是线性的,又因为数据库的结构和方式的特点,使得信息库变得有些杂乱无章,这样一来,信息之间的联系和信息本身的使用就完全依赖于使用者新媒体的兴起,使得媒体和受众之间的行为模式发生了翻天覆地的变化。在传统的传播过程中,信息是逐级向下传递,传递的方向性是不可逆的。而新媒体的传播模式中,媒体和受众之间有了互动,受众的行为模式有了巨大改变。实现这种改变的方式就是互联网搜索引擎,如今,媒体用户只需要使用互联网进行搜索,就可以得到所需要的海量资源和信息,让用户对媒体有了主动性。

而随着互联网时代的到来，新闻客户端、贴吧、微信公众号、视频弹幕等新型信息传递模式的兴起，媒体与受众之间实现了双向互动。受众可以自由发表自己的评论反馈给媒体，一些好的内容受众也可以转发，这些都是媒体与受众双向互动的一个体现。在这种双向互动模式的影响下，媒体可以认真分析受众反馈的数据，从中清楚地了解受众关注度高的报告或内容，从而为信息内容改进前进方向指明道路，开发更高质量的内容。受众利用评论、转发等手段来进行与其他受众和媒体之间的互动，不仅使得媒体自身得到了用户主动的推广与反馈，“不仅仅是接收，更可以参与”，这种新型模式更提升了用户自身对于媒介商品的使用感与操作感。因此，在信息时代，媒体应主动适应非线性传播，增加内容的互动性，提升用户“黏度”。

5.3.2 媒体应勇于为“生产优质内容”买单

诚如第 3 章所述，媒体融合到了技术、渠道已非稀缺资源的节点，也正是“内容为王”理念回归的节点。是否能生产优质内容，已经是诸多媒体能否实现内容付费、占有市场、长期求存的关键。

内容争夺的“发令枪”也早已打响。在我国，越来越多的内容平台正投入巨资启动补贴计划。今日头条拿出了 10 亿元扶持短视频创作者，百度百家号为了内容升级，启动了“百亿分润计划”，UC 订阅号公布“W＋量子计划”，一点资讯“点金计划”……各大媒体纷纷“有志一同”地为优质内容生产加砖添瓦。腾讯在 2016 年 3 月 1 日推出“芒种 1.0 计划”，共有超过 4 万个企鹅号分到钱，1 万个企鹅号月入过千元，相当于每 4 个企鹅号里就有 1 个获得过补贴。紧接着，腾讯又于 2017 年 3 月推出了“芒种计划 2.0”，给出 12 亿元的现金补贴和内容投资资金，扶持自媒体内容创业者。而随着芒种计划的推进，企鹅媒体平台上的企鹅号已经达到了 20 万个，内容种类增长至 2 000 个，短视频播放量增加到了 20 亿个。企鹅媒体平台还提供了包括图文及视频直播、视频云编辑、素材库等工具功能，以及热点分析、企鹅指数等运营功能，帮助内容创业者。

媒体内容生产过程中的每一个环节，都需要资金的支持。降低待遇，压缩支出，都会导致优秀的员工与内容资源流失。

一些媒体不注重内容投资，将精力放在“复制粘贴”其他媒体的热点新闻上，甘愿沦为鹦鹉学舌者，初期也许可以占一时点击率，但是受众黏性极低。同样，一些媒体将资金倾注于打造渠道和应用技术中，而忽视了“内容”，投入成本低，内容制作人才流失，内容制作能力降低，优质内容产出效率下滑，受众流失，资金短缺……进入恶性循环。

因此，媒体要根据自身实力，勇于为“内容生产”买单，是保障“内容”质量，抢占市场先机的优质策略。

5.3.3　改变“利益机制绑架”

由 Twitter 联合创始人伊文·威廉姆斯创办的 Medium 是一家基于话题的博客型媒体，每月有 6 000 万名读者。并已经在 2017 年 3 月正式推出了付费订阅计划，使用者若想得到更快、更高品质的升级服务，只需每月支付 5 美元成为“创始会员”就可以了。

“我们将注重内容的质量而不是数量。在这个新的订阅平台上，通过对作者创作的内容将给读者带去的价值定价，而非单一的阅读数据。”Medium 方面表示，内容创作环境继续改善，其中亟待解决的一个重要的问题是“利益机制绑架”。“世界各地的创作者还是可以继续免费在 Medium 上发表作品，但出于利益考量，很多好内容被搁置了。我们希望这些经由大量调研、深入思考，依靠创作者深厚积累又承载着他们独特想法的文章，或许成不了‘爆款’，却可以出现在 Medium 的平台上；正是他们的资深经历、深入研究和悉心写作才让我们更思辨、更了解这个世界。”

内容付费方兴未艾，这里提到的“利益机制绑架”理论却十分有趣。“内容为王”理念促使媒体生产高质量内容，而受众无疑是受益者，内容付费正是这种收益的反哺。那么优质内容如何定价？怎样判定内容质量？怎样的盈利可以让消费者与生产者双方满意？都是十分值得探讨的问题，同样也是“内容为王”理念贯彻实施中正在探索的、即将遇到的一些难题。

但不管怎样，显然，“利益机制绑架”并不适合内容市场。所有的商品都有其价值，内容也同样如此。不同内容生产方式和生产者不同，其所消耗的资源成本、劳动成本以及内容本身的价值更是各有差异，而消费者对于不同内容可接受的消费额度也不同。显然，将所有的内容用统一价格售卖是不公平的。虽然，将定价权适当放给买卖双方也不失为一种有益的探索，但随着内容付费市场的成熟，探索一套合理的内容定价、内容付费机制势在必行。而合理的机制保障更会进一步促进内容市场的繁荣健康发展。

5.3.4　善用大数据进行用户分析

顾名思义，受众就是一个有着某种共同特征的群体，显然，其中每个单一的个体都只是这个群体中的人员之一，而“生产者”与“受众”在传统的点到面、单向、线性的传播关系中被划分为两大阵营。但在现如今的互联网时代，这两种阵营之间的界限日渐模糊——传播已经脱离了传统的线性传播方式、渠道，甚至具备了比较高度的互动性，自媒体盛行，内容生产的权利不仅仅属于媒体，用户自身就可以成为内容的生产、发布与传播者。“受众”一词逐渐被“用户”一词替换使用，这也是媒体与信息接收者关联发生本质改变的一个侧面表现。在这种人人都可以是内容的制造者与传播者的时代，媒体与用户史无前例地形成一种非单方面的供需关系，更甚者，用户的角色甚至随时可能转化为媒体，与其他媒体形成协助、竞争的关系，若是没有足够的差异化优势或者竞争力甚至会被取代。在这种环境下，用户对于内容的要求更被推到了史无前例的高度，并有更加个性化、精细化的趋势，整个市场也从传统的卖方市场转成了明显的买方市场。因此，了解用户需求，为用户“量身定做”信息，制造精准、优质、专业的内容就成了媒体打造差异化优势的前提。可以这么说，要想抓住受众，“内容定制”就显得尤为重要。

那么互联网时代给了我们一个可以打造靶向精准的“内容定制”，用数据直观地对受众偏好精确科学了解的方法——建立数据库，洞察用户与市场。

大数据对于现今媒体成长、发展有着十分重要的贡献——在对数据信息的加工处理过程中，能够筛选出对于媒体富有价值的信息。目前各种“云”资源开始盛行，宣告着“云”时代的到来，人们的注意力越来越多地投放在了大数据上。2016年3月5日，第十二届全国人民代表大会第四次会议在北京召开，会议上李克强总理做了国务院政府工作报告，其中就强调在大数据时代要大力促进云计算、物联网的广泛运用。一些新兴媒体在传播领域上也通过大数据技术定制了针对用户符合个人品位的私人套餐。

而传统媒体如果要建立自己的数据库可能就会有些困难，但并不是说毫无办法，要建立这种数据库可以依托别的平台，利用网络将收集到的信息进行分类、筛选，使其汇集成一个实时的、高效的、属于传统媒体的精准数据库。

5.3.5 培养优质内容生产者

虽然在互联网时代，社会中任何一个个体都有机会成为内容的发现者、生产者和传播者，但考虑到每个人在职业、专业素养等方面存在着差异，因此在目前的历史时期，新闻内容的生产和推广还是需要依靠专业的从业人员来完成。

内容要由人来做，要以人为本，人才是创造内容之根本。

在媒体融合的当下，怎样才能铸造优秀的内容生产队伍呢？

当今对于内容生产的需求已不是纯文字、摄影、录音等单一需求，相应的，媒体从业人员需求也从单一行业变为全行业从业人员。换言之，媒体融合时代下的内容生产者队伍的组成也应该具有媒体融合的思维方式，不能单纯地认定媒体融合即是新旧媒介共同生存的业态。内容生产者应该转变思想，从为用户“提供”内容产品转变为了解用户，为用户“量身打造”所需要的内容“服务”。但这并不是说应该否定“内容为王”理念，推崇所谓“服务为王”的新理念，“内容”显然依旧是核心。这里强调的是内容生产的方向：增强“服务性”。更强调的是培养内容生产者的方向：培养将为受众精准服务融入内容生产理念的内容生产者。因此内容生产应该既可以做传统媒体的文字、图片、视讯等内容，又可以运用新媒体渠道、技术，通过打通媒体融合关卡，培养复合型人才，树立内容生产理念，打造分工有序、质量上乘、能够将新旧媒体技术综合运用于内容生产的队伍，这样才能做到受众偏好什么生产什么，受众需要什么给予什么，才能在人才队伍建设上，满足新时代“内容为王”的需求条件。

第6章　大数据时代媒体融合的编辑主体意识建构

我国已进入信息化社会，计算机技术、数字技术、网络技术、新媒体技术对传统媒体业态的冲击很大，这种冲击为信息传播带来前所未有的挑战。坚守传统媒体对信息传播的把控机制，以“互联网＋”为平台，通过媒体融合发展，保证信息传播的有序性、科学性、准确性，做强内容生产、创新工作方法、传播正能量，具有十分重要的意义。而融媒时代编辑主体意识的建构，或者说建构继承与创新的融媒时代的编辑主体意识，是尤其关键且迫在眉睫的要务。

从时代要求、行业需求、受众诉求层面分析融媒时代编辑主体意识建构的必要性和紧迫性；从本体论、认识论、方法论层面探讨融媒时代编辑主体意识的内涵发展；从编辑是讲好中国故事的策划者、优秀文化的传播者、信息传播的把关者、文字处理的加工者、精神文化产品的营销者等5个“角色”，探讨融媒时代编辑主体意识的建构；从国家层面、媒体自身、编辑自我等3个方面，提出融媒时代编辑主体意识实现的路径和保障。通过对融媒时代编辑主体意识建构的探讨，从理论上明确融媒时代编辑职务的主体责任和履行责任的心路思想，为建设高素质专业化的编辑队伍提供支持。

6.1　融媒时代编辑主体意识建构的紧迫性和必要性

随着社会的发展进步，传媒行业实现了4个时代的跨越。受水木然的《工业4.0大革命》启示，这4个时代分别用传媒1.0、传媒2.0、传媒3.0、传媒4.0来概括分析。一是传媒1.0时代，这个时代是纸质媒介时代，传播媒介主要是以书写纸为载体的图书、报刊、户外广告等，从全球视野看，这个时代于17世纪初开始出现；二是传媒2.0时代，这个时代是以广播、电视等电子媒介出现为标志，始于20世纪30年代，是纸质媒介与电子媒介并存的传统媒体时代；三是传媒3.0时代，这个时代开始于20世纪90年代，以互联网出现为标志，是传统媒体与新媒体并存阶段，互联网技术的应用，推动了以电脑、手机、数字电视等为终端的网络传播，新媒体广泛兴起，同时，图书、报刊、广播、电视、户外广告等传统媒体仍占据很大优势；四是传媒 4.0 时代，传媒 4.0 时代即融媒时代，这个时代是以"互联网＋"为标志，始于 21 世纪初。

2013 年，传统媒体与新媒体融合发展、融合传播，编辑主体意识面临全新挑战，应遵循融媒时代的传播方式与特点进行再造。

6.1.1　融媒时代的媒介生态需要编辑强化主体意识

6.1.1.1　关于融媒时代的媒介生态

20 世纪 60 年代初，麦克卢汉提出"媒介生态"这一概念，1968 年，尼尔·波兹曼又对这一概念的界定进行了延伸，将媒介生态学定义为"将媒介作为环境来研究"。媒介生态，即在一定社会环境中媒介各个构成要素之间、媒介之间、媒介与外部环境(包括民族文化、人口受众、地理区位、交通运输、通信设施、社会治安、教育质量、经济产业、居民收入等)之间的相互关系，及其各种构成关系所达到的一种相对平衡、协调和谐的状态。

在传媒 4.0 的融媒时代，再造的媒体即"融媒体"所代表的不是一种单一的媒体，它是以互联网为平台，运用"互联网＋"思维，把纸质媒介、广播媒介、电视媒介与互联网的优势互为整合、互为融合、互为利用，使多种媒介的功能、手段、价值得以全面提升的一种传播模式。互联网支撑融媒时代的"互联网＋"生态，是一种各关系要素具有很强创新性、协同性、全局性、系统性、开放性、群众性的媒介生态。

6.1.1.2　融媒时代的媒介生态对编辑主体意识提出新的要求

互联网之父、万维网发明人蒂姆·伯纳斯·李说："网络从很多方面改变了人和人之间的关系。我认为现在还处在起点上，互联网已经改变了我们工作和生活的方式，但是我们现在真正想要实现的，是利用互联网帮助世界各地的人们相互交流和加深理解。"雅虎公司联合创始人杨致远认为："互联网让人类的交流进了一步，因为我们的环境以后就是互联网的，大楼、汽车、火车，所有的一切都会与互联网联系在一起。"2012 年 12 月 7 日，习近平在参观考察腾讯公司时指出："现在人类已经进入互联网时代这样一个历史阶段，这是一个世界潮流，人类的生活、生产、生产力的发展都得以推动发展。"的确，互联网的出现深刻改变了社会的生活方式、生产方式、消费方式和治理方式,并已上升为国家战略,以“互联网+”为特质的融媒时代,已势不可挡地在全国、全球进行覆盖,并将成为一种新的常态。为适应“互联网+”生态,驾驭新趋势,媒体编辑必须迅速更新观念,强化主体意识。

在传媒行业转型换代的过程中,出现了一些伤害甚至破坏媒介生态、弱化甚至恶化媒介生态的问题,必须引起重视和警醒。主要表现在3个方面:一是传播信息失真、新闻敲诈频现。少数媒体编辑主体责任意识较低,为了自身利益,将职业道德弃之不顾,虚假新闻、虚假广告事件时有发生。二是同质化发展,编辑主体思想意识不明。随着人们对互联网认识的提高,各单位纷纷创办门户网站,很多行政事业单位的网站因无专业编辑,由其他公务人员兼职做编辑工作,编辑主体思想意识不明,导致网页水平低,有不少网站的网页长期未更新,不仅传媒资产闲置,还影响党政机关形象。三是盲目拓展发展空间,编辑主体责任错位。面对网络新媒体的强劲优势,传统媒体受到受众和广告收入“双降”的挑战,少数媒体不顾自身条件,不进行深度调研,期望实现“弯道超越”或者“换道超越”,结果陷入困境,媒介生态恶化。由此可见,融媒时代的媒体编辑必须进一步强化主体意识,特别是各级党报党刊等党办媒体,更要使编辑的主体责任意识和主体思想意识回归本位。

再者,在传统媒体时代,由于传播渠道单一、传播范围有限,媒介生态空间较小,虚假信息的传播速度相对缓慢,所造成的危害也就相对较小。而在融媒时代,信息传播渠道拓宽、传播速度加快,一则热点消息可以被大量转发,达到几万甚至几十万的点击率,例如南京天价烟房产局长事件、云南“躲猫猫”事件、恩施邓玉娇事件等。用户每天被海量信息包围,这给人们生产生活带来便利的同时,也给社会治理带来了巨大挑战,如果信息失真,特别是敏感性强、负能量大的信息,对社会的危害很大,挑战和谐社会和安定团结的局面。因此,管好用好互联网,是新形势下掌控新闻舆论阵地的关键,重点要解决好谁来管、怎么管的问题。显然,融媒时代的编辑必须强化“信息传播把关者”的主体责任意识。

6.1.2 传媒业的发展壮大需要编辑重塑主体意识

6.1.2.1 媒体融合发展助推传媒业转型升级和发展壮大

传媒业是全球范围内的朝阳产业,根据普华永道的数据,亚太地区是全球媒体及娱乐产业最大的市场。从规模上看,美国、中国、日本是全球前三大娱乐传媒大国。就近6年中国传媒业的发展趋势,清华大学新闻与传播学院传媒经济与管理研究中心联合国内外学术界众多专家学者进行了详细分析,包括中国传媒产业总产值及各行业的具体情况。2011 年以来,我国传媒业稳步发展,产业总值逐年增加,其中 2011—2016 年较上年分别增加 13.9%、25.1%、12.0%、16.7%、12.3%、19.1%,平均每年增长 16.5%。

传媒业的发展壮大离不开互联网的助推,2014 年 8 月,习近平总书记在中央全面深化改革领导小组第四次会议上强调:“推动传统媒体和新兴媒体融合发展,要遵循新闻传播规律和新兴媒体发展规律,强化互联网思维,坚持传统媒体与新兴媒体优势互补、一体发展,坚持先进技术为支撑、内容建设为根本,推动传统媒体与新兴媒体在内容、渠道、平台、经营、管理等方面的深度融合。”

媒体融合发展表现出“1+1>2”的效果,是传统媒体转型升级的必由之路。2015 年,春晚电视与互联网融合推出“摇一摇”,创造了每分钟 8.1 亿次的互动峰值和一台晚会 110 亿次互动总量的成效,汇聚了 185 个国家 3 万亿公里的祝福传递。春晚过后,微信推出“摇电视”的台网融合产品,不到两个月时间就有 50 多家电视台近百个节目接入了“摇电视”。马化腾在《互联网+:国家战略行动路线图》一书中写道:《哈佛商业评论》2013 年《广告业的未来》特辑的封面上残忍地为传统媒体的广告敲响了丧钟,宣告传统广告已死。美国 2013 年的网络广告收入达到 428 亿美元,超过传统电视广告的收入,成为最有价值的媒体。在中国,2014 年互联网广告收入首次超过电视广告收入。2016 年移动数据及互联网增值业务收入近 4 500 亿元,位居当年中国传媒产业总收入榜首,网络广告收入、网络游戏收入紧随其后,排列最后的 3 名是报纸发行收入、电影广告收入、期刊广告收入。北京联合出版公司 2015 年出版的《互联网时代》中写道:在互联网诞生 50 年后,有近 500 年历史的传媒业已经普遍开始了互联网时代的数据化之路。目前,美国 60% 的期刊推出在线期刊,并逐步把重点由纸面转向网页。联合国世界知识产权组织总干事弗朗西斯·加利认为:“纸质媒体可能在 30 年内消失,这是一场革命,它无关对或错。多个研究结果显示,它们(纸质报纸)将于 2040 年消失。”

6.1.2.2　融媒时代需要编辑不断提升自我

人才是所有资源中最宝贵的资源,一个行业发展壮大的决定性因素是人。毫无疑问,媒体融合发展归根到底是人的融合,传统媒体能不能适应“互联网+”平台,完成转型升级,最关键的也是人的转型。

长江日报报业集团董事长杨世桥认为,媒体融合发展迫在眉睫,为适应时代需求,需要精通内容创作、新媒体表达、网络技术的高端人才。但是,传统采编人员尚未适应这一角色的转变,往往不能突破传统思维,因此,培养新媒体人才,是媒体融合发展的关键。对此，融媒时代编辑必须重塑主体意识，树立和强化“依靠学习走向未来”的学习意识，不断提升自己的媒介素养，成为具有发现、判断、选择、传播、引导、互动、管理、营销能力的综合性、复合型人才。培育造就这样的新型媒介人才，需要构建打通新闻学、传播学、计算机科学、信息科学、管理科学等多学科结合的“理论文化素养＋业务能力素养”的教学研究体系，紧跟时代变化、行业需求，实现从传统编辑向全能编辑的转型。

提升理论文化素养。编辑理论文化素养的高低，是决定能否形成高品位编辑风格的关键。为此，编辑必须具有广博的科学文化知识，成为“杂家”。这意味着，编辑不能把自己置身于一个狭窄的知识领地，应博览群书，广泛学习各门学科知识，了解发展态势，不断调整自己的知识文化结构，强化知识的整体效应。

提升业务能力素养。作为一名编辑工作者，如果不熟悉出版知识、编辑业务知识和新媒体技术，难以成为一个合格的编辑，就更谈不上编辑风格的形成。编辑业务知识的内容相当广泛，一是要深入理解党和国家有关出版工作的方针和政策，这是端正编辑工作方向，使编辑工作沿着健康正确的轨迹前进的根本保证；二是要熟练掌握选题、组稿、审读、加工整理、发排校对、装帧设计等每一个环节；三是具有较强的文字加工和写作能力；四是有编辑学的基础理论知识，懂得按编辑规律办事，这样才能增强编辑工作的主动性和自觉性；五是掌握计算机知识，熟悉电脑操作，熟练使用图文及视频编辑软件，善于利用各类社交媒体。

6.1.3　受众心理需要编辑主体意识的引导

6.1.3.1　网络时代要求媒体对受众心理进行引导

媒体融合发展到今天，互联网在传媒行业已占据了“龙头”地位，渗透到传媒业的各个领域和各个方面。互联网是一把“双刃剑”，为社会带来福利和便利的同时，也在不断地影响和改变受众的心理世界。这种影响和改变有积极和消极两个方面，消极的心理是负面的、对社会有害的，需要媒体进行疏导和引领。

网络传播对受众心理的消极影响主要是3个方面。一是容易形成网络依赖心理，成为“网虫”、染上“网瘾”。2012年谷歌的一次调查显示：中国的智能手机用户普遍依赖手机，64％的用户每天会使用智能手机上网；使用智能手机的用户随处可见，家里（94％）、路上（87％）、办公室（87％）、公共交通工具（83％）及餐馆（75％）为主要使用地点；一半以上的用户（54％）在电视和手机中间会选择手机。二是使受众产生消极心理。网络监管不到位时传播的淫秽色情文章、图片等不健康信息，容易误导青少年，使其丧失理想信念、产生消极心理。再者，受众的文化程度、受教育的层次不等，文化层次偏低的人群，正确辨识信息的真伪、对错有一定难度，若长期受不良信息的污染和毒害，其价值观和意识形态就会偏离正确轨道。三是容易使受众产生紧张心理。融媒时代，人人都是麦克风，既是信息接收者，也是制造者、生产者，但在海量信息中，不乏重复、雷同、过时、冗余的信息，这些信息增加了阅读量，大脑容易“消化不良”，产生紧张心理，影响正常思维，浪费时间和精力。因此，编辑必须紧跟时代要求，用主体责任意识和主流思想意识办好媒体，用正确的舆论导向引领社会大众的心理。

6.1.3.2　庞大的用户群体要求编辑强化主体意识

我国进入传媒 3.0 时代后，特别是传媒 4.0 时代的到来，互联网事业飞速发展，网络视频、网络音乐、网络文学、网络游戏等互联网精神文化产品种类更加丰富，用户规模累计达 4.81 亿人，同比增加 1 亿人。其中，网络视频用户达 4.6 亿人、网络音乐用户达 4.79 亿人、网络文学用户达 2.8 亿人、网络游戏用户达 3.8 亿人，比上年同期分别增长 60%、33%、50%、26%。如此庞大的用户读者群体，需要用中国好故事、中国优秀文化和精品力作进行引导。对此，编辑必须强化讲好中国故事、传承优秀文化、提供真实信息、营销精品力作的主体责任意识。

6.2　融媒时代编辑主体意识的内涵发展

研究编辑主体意识，主要是研究编辑工作者的政治思想、道德品质、知识结构、工作方法、文化修养以及编辑与作者、编辑与读者、编辑与社会各界的关系，分析融媒时代编辑主体意识的研究内容，应从政治站位、业务站位两个视角进行研究。从政治站位视角研究编辑职位的主体责任意识，即媒体编辑这个职位应该承担的主体责任是什么，它直接决定编辑行为的空间范围。从业务站位视角研究编辑履职过程中的主体思想意识，即编辑在履职主体责任，开展选题、策划、组稿、选稿、改稿、编排等业务活动时的指导思想和基本观念。

编辑主体意识的内涵发展，是在基本内涵的基础上所进行的引申和延展，内容十分丰富。编辑主体意识内涵发展问题，聚焦于编辑人员的内在素质上，即从本体论层面，要积极推进社会效益与经营效益双赢；从认识论层面，要提高抢占话语权的能力；从方法论层面，要转型成为适应时代的复合型人才。

6.2.1 编辑主体要突出社会效益，兼取经济效益

6.2.1.1 编辑必须强化责任意识，突出社会效益

从一般意义上说，媒体是信息传播的载体，通过传播信息、影响舆论来调整人们的社会关系，从而体现存在的价值，其价值的表现是满足社会大众的知情权，使受众知晓与他们切实利益相关的重要信息，如形势新闻、公共安全、生活环境等公共事务和公共政策。因此，媒体是社会的良知，被认为是社会意识形态的主阵地，这个阵地十分重要。2013 年 8 月 9 日，全国宣传思想工作会召开，习近平总书记在会上强调："能否做好意识形态工作，事关党的前途命运，事关国家长治久安，事关民族凝聚力和向心力。"显然，媒体编辑必须强化责任意识、担当社会责任、突出社会效益，不断增强传播力、引导力、影响力、公信力。

6.2.1.2 编辑需要树立市场意识，注重经济效益

推动文化事业和文化产业发展，必须提供丰富的精神食粮。媒体是文化传播的载体，从文化产业视角来讲，媒体就是一个商业企业，作为商业企业，必须树立市场意识，求取经济效益。我国资深编辑周浩正在《优秀编辑的四门必修课》一书中说，编辑人一定要有市场意识和"产销一体思考"的观点，这是每一名优秀编辑都应该具有的。

编辑如何树立市场意识？一是策划选题时，要进行市场调研。湖北长江出版集团总编辑周百义认为：书籍畅销与否，前期调研至关重要。二是编排设计时，要立足读者立场。图书内容、装帧设计、价格定位等都应围绕读者"转"，比如儿童读物、青少年读物、干部读物等。三是出版发行时，要开展宣传营销。出版物是文化产品，产品销售需要宣传营销。

6.2.1.3 编辑应该筑牢精品意识，提供优质产品

社会大众对精神文化生活的需求时时刻刻都存在，随着物质生活水平的不断提高，他们对文化产品的质量、品位、风格等的要求也更高了。改革开放以来，我国传媒业向社会生产了大量优秀产品。在传媒业快速发展的同时，也存在着有数量无质量、有"高原"缺"高峰"的现象以及抄袭模仿、千篇一律的问题。这些问题警示我们，媒体不能在市场经济大潮中迷失方向，不能在为什么人服务的坐标上发生偏差，否则媒体就没有公信力。对此，媒体编辑必须筑牢精品意识，提高编辑质量，包括出版物的内容要健康向上、装帧设计要体现时代特色，为受众提供质量好、品位

高、正能量的产品，更好地满足人民群众对美好精神文化生活的向往。

6.2.2 编辑主体要抢占话语权，把握主动权

6.2.2.1 新媒体的开放性与广泛性需要编辑掌握话语主动权

近年来，网络媒体、手机媒体等新媒体迅速发展，日益成为我国传媒业的重要组成部分，并已成为社会大众特别是青少年群体获取信息的重要渠道。新媒体是完全开放的网络生态，微信、微博、博客等传播平台只需要简单注册后就可以使用，创建门槛极低，操作也简单容易，用户可以随时随地发布文字、图片、视频。可以说，新媒体环境下，人人握有麦克风，个个拥有话语权，一些碎片化信息，短短几十分钟就能从无到有、从小到大，发酵生成全国性的舆情热点，进而演化为群体性事件。新媒体的开放性与广泛性，对社会治理和意识形态工作带来严峻挑战。对此，主流媒体编辑应积极应用网络新媒体技术，第一时间发声，抢占网络“话筒”、净化网络环境，掌握意识形态话语权和主动权。

6.2.2.2 新媒体的时效性与交互性要求编辑赢得第一落点

赢得第一落点，抢占第一落点，是近年来政府在处理公共事件实践中对舆论引导工作探索的规律性认识。简单地说，就是即刻发出报道、即刻分析评论，在受众中形成第一概念，继而影响舆情走势，掌握引导的主动权。心理学研究认为，人们接收信息具有“优先效应”，即第一时间接收的信息记忆最深刻，决定人们的基本认识。对此，公共事件发生后，主流媒体必须第一时间发布信息，先入为主，先声夺人。

传统媒体与新媒体比较，在传播信息时有一个时间差。一般来说，新媒体以其较强的时效性特点要快“半拍”。如玉树地震发生后，一位网友用手机第一时间把信息发布到网上，全国各地迅速获悉此事。同时，新媒体还可以实现线上线下交互，如“人肉搜索”现象，这种特性能聚集起更多网民的关注。新媒体信息传播时效性强和线上线下交互性的特点，促进了新的社会舆论导向方式的生成和民间话语权的增强。一般来说，突发舆情中民间话语体系的公信力存在责任差距，容易出现信息失真、引发社会矛盾。在应对和处理突发事件时，主流媒体编辑应增强主体责任意识，抢占第一落点，在第一时间发出最权威的声音，引导社会大众理性认识事物、看待问题，有助于矛盾和风险的及时化解。

编辑是媒体抢占第一落点的关键，扮演着“把关人”的角色，应该利用新媒体技术，为主流媒体创建一个安全、可靠的信息传播平台，受众可以自由表达观点，编辑

也可以在后台进行监控，以便发现不当言论后及时删除。此外，可以在文章的深度和精度上下功夫，虽然新媒体在时效性上强过传统的主流媒体，但是绝大多数缺乏有深度、有锐度的内容，而这恰恰是主流媒体制胜的关键，对编辑人员来说，要在海量信息中筛选具有价值的优质信息，继而策划一系列的深度报道，为受众提供更详细的内容和更核心的真相，同时，利用全媒体平台发布信息，加快传播速度，扩大社会影响力。

6.2.3 提升编辑主体综合素质，做复合型人才

融媒时代下，媒介融合程度不断加深，媒体形态呈多元化发展，这对传媒从业人员提出了更高的要求。对编辑人员来说，传统的编辑流程和编辑方式彻底改变，由过去单一制作信息内容、缺少协同的状态转为如今的全面一体化，在同一个平台上完成对用户的即时互动和提供多媒体的信息服务。为此，编辑人员需要不断拓宽知识面、不断学习新知识，成为适应时代的复合型人才，具体来说，除了要具备语言文字能力、选稿审稿等基本能力，还要具备以下几方面的能力。

6.2.3.1 要具备计算机网络技能

融媒时代到来之前，传统媒体在内容生产和信息传播方面是相对单一的。例如，报纸和期刊的传播形态主要是文字和图片，广播和电视则通过视频和音频呈现所要传达的内容，各自为营，互不协作。融媒时代来临后，传统媒体借助以互联网为代表的新媒体实现了媒介资源、生产要素、信息内容的有效整合，编辑作为媒体融合发展的主力军，其知识结构和素质技能理应有所提高，尤其是要掌握计算机网络技能，包括网页制作、网站管理与维护、图文编辑、视频制作、HTML、CSS、Java Script 等技术语言，这既是时代发展的要求，也是社会和市场的需要，还是编辑自身涅槃重生的必经阶段。

6.2.3.2 要具备大数据分析能力

美国知名研究机构高德纳(Gartner)对于“大数据”给出了这样的定义：大数据是需要新处理模式才能具有更强的决策力、洞察力和流程优化能力的海量、高速增长率和多样化的信息资产，具有数据体量大、数据类型多、处理速度快、价值密度低的特点。2015 年，国务院印发《促进大数据发展行动纲要》，根据纲要，到 2020 年，我国将形成一批具有国际竞争力的大数据处理、分析、可视化软件和硬件支撑平台等产品。

大数据时代各种传统行业将彻底被颠覆，赋予各行各业数字化特征。媒体是

最容易数字化的行业，也是大数据时代走在前列的行业。大数据带来了媒体生产传播方式的变革，整个信息传播流程都是围绕数据的收集、挖掘和解释展开。大数据背景下传媒业的转型，对传媒人才特别是编辑人员提出了更高、更新的要求，编辑除了要具备传统意义上的基本素质之外，还要具备数据分析能力，通过数据分析，掌握受众的兴趣和喜好，从而有针对性地调整所要编辑发布的内容，使传播内容更容易被受众接受，达到传播效果最大化。这一点，得到了新京报社长助理朱学东的认可，在他看来，大数据能够挖掘到很多秘密，通过挖掘数据，能够发现消费者的行为习惯；楚天都市报常务副总编辑张蕻海也提出过类似观点，他认为，通过对受众数据库进行分析，可以有针对性地对数据库进行经营和运用，效果比较好。世界上最大的在线影片租赁服务商 Netflix 正是利用用户的观影数据推出了美剧《纸牌屋》并大获成功；全球最火的社会娱乐新闻门户网站 Buzz Feed 也是通过扫描读者的阅读数据，包括读者最喜欢看的、分享最多的内容，有针对性地生产内容。

6.2.3.3 要具备艺术审美能力

随着时代的发展，人们对美的追求越来越高，从图片到色彩再到结构、造型等，每一个要素都会影响受众的视觉体验，传播效果也会跟着大打折扣，基于此，编辑必须不断强化审美活动，加强个人审美体验。对图书、报纸、期刊等纸质出版物的编辑人员来说，应主动参与装帧设计工作，包括封面设计、板式设计，除此之外，还要善于对文稿进行修改、润色、升华，因为一篇高质量的稿件是美学价值的最高体现；对广播电视编辑而言，需要掌握声音配置、画面安排、解说词撰写、音响效果等相关知识，给人视觉和听觉上的双重愉悦；对电子出版物编辑来说，则要考虑新时代下受众的阅读习惯，注重页面设计，给人清新美观的感觉。只有这样，才能赢得受众，取得更好的传播效果。

6.3 融媒时代编辑主体意识的当代体现

编辑是媒体运筹的主角，融媒时代的编辑至少有5个“身份”，即讲好中国故事的“策划者”、造就文化软实力的“践行者”、信息传播的“把关者”、受众知识素养的“塑造者”、精神文化产品的“营销者”。担当每一个“身份”，都应具有相应的主体责任意识，策划讲好中国故事的责任意识、传承优秀文化的责任意识、把关信息传播的责任意识、加工提升文字水平的责任意识、营销精神文化产品的责任意识。履行每一个“身份”的主体责任，都需要有相应的主体思想意识进行导向和引领，这就需要对每一个“身份”的主体思想意识进行建构。

6.3.1 讲好中国故事的“策划者”

讲好中国故事是党中央的要求。党的十九大报告指出，要“讲好中国故事，展现真实、立体、全面的中国，提高国家文化软实力。”习近平总书记是讲好中国故事的倡导者、践行者。党的十八大以来的5年时间，习近平每次出访，不论是讲话还是会谈，都在做一件事，那就是讲中国故事、传播中国声音。中国故事是表达中国精神、中国智慧、中国历史、中国道路的作品，媒体作为中国声音的传播者，理应担当起讲好中国故事的使命和责任。

6.3.1.1 增强对“中国故事”的认识

习近平总书记指出，讲中国故事是时代命题，讲好中国故事是时代使命。那么，什么样的故事是中国故事？中国是世界文明历史上最长且没有间断的国家，中华民族文明之火的适应性、坚韧性、渗透力及影响力，是世界任何一个国家和民族都无法相比的。上古时期，流传的愚公移山、盘古开天、精卫填海、后羿射日、大禹治水等体现人类顽强拼搏、艰苦奋斗精神的故事；近古时期，积淀了屈原以死报国、岳飞精忠报国等体现国家至上、民族利益第一的故事；近现代时期，涌现了一批怀揣民族大爱，为祖国及人民利益抛头颅洒热血、牺牲自我的故事，如董存瑞、黄继光、邱少云、王成勇、刘胡兰的故事，都是激励心智、催人奋进的中国故事。

如果说中国古代的故事和近现代的故事是体现中华民族顽强不息、不屈不挠的好故事，改革开放以来的故事就是体现中国人无穷智慧和巨大创造力的好故事。

中国故事还是中国960万平方公里土地上的物质文明、政治文明、精神文明、社会文明、生态文明成果的集成，重庆故事、四川故事、湖北故事、恩施故事等“地方故事”都属于“中国故事”的组成部分。对此，地方媒体应该担当“讲好中国故事”的责任。2017年，恩施电视台策划实施的《早春走一线》融媒体大型采访活动，推出的65个《春天的故事》向社会展示了恩施州县、乡、村、户不同层面的改革创新、产业发展、项目建设、精准扶贫、脱贫致富等鲜活典型，激发了全州各族人民大众创业、万众创新的内在动力，凝聚了推动发展的强大正能量。

6.3.1.2 聚焦选题策划的水平和能力

选题策划是对传播内容、时机、形式等方面所进行的设计、谋划和预想。就媒体编辑来说，首先要重视传播内容，策划一组图文并茂的中国故事图书，内容涵盖经济、政治、社会、文化、自然等多个领域。为了让读者更细致地了解中国，还可以将以上领域区别分类，例如经济、政治、文化可以归为历史类，这类书籍着重反映中国历史发展进程;社会、自然可以归为人文类,中国各城市的自然风光、人文景观、民风民俗等是这类图书的重点内容。除此之外,还可以策划一组人物传记类图书,包括历史人物传记和当代名人传记,通过了解名人思想和事迹,进一步了解中国文化。林汉达、曹余章编著的《上下五千年》一书就是一本展示中国历史的读物,读者可以从中了解四大文明古国之一的中国约五千年的历史渊源。

习近平总书记说过,讲好中国故事的目的是为了让世界了解中国,让中国走向世界。这也就是说,听中国故事的受众,不仅是中国人,还应有外国人,应该创新对外话语表达方式,研究国外受众的习惯和特点,把我们想讲的与国外受众想听的结合起来,使中国故事更多地为国际社会和海外受众所接受。在确定图书内容后,就要考虑内容编排、版式设计等基本要素。具体而言,需要尽可能地贴合国外读者的阅读习惯和心理需求,根据他们的语言习惯和思维方式编排文字,注意逻辑要清晰,结构要严谨。与此同时,版式设计要简洁大气并与国际接轨,以便国外读者更好地理解和感知中国。除此之外,还可以根据文字内容适当增加配图,如此能增加图书的可读性和趣味性,提升国外读者的阅读体验。《习近平谈治国理政》一书就有中、英、法、俄、阿、西、葡、德、日等多语种版本,各国读者可以很好地了解中国的社会制度和历史文化。

在确定图书内容、传播形式后,还需要做好营销工作,这其中,包括价格定位、广告宣传设计、销售渠道、售后服务等。具体来说,可以依托重大节事活动和重要赛事平台,在做好国内推广的同时,用好海外文化阵地。这一点,《习近平谈治国理政》一书大获成功,该书多语种版发行后,相继在法兰克福、奥克兰、巴基斯坦等地举行首发式,受到了海外读者的广泛欢迎。

6.3.1.3　提升"中国故事"的谛构能力

讲好中国故事,还需要提升中国故事谛构能力,这要求编辑勤修四大基本功。一是视野基本功,也就是编辑的眼界。编辑站位的角度和高度,决定其眼界和视野,视野是策划者实施策划活动的"方向盘",讲好中国故事,编辑需要扩大政治视野、知识视野、生活视野、国情视野、全球视野。二是逻辑基本功。逻辑是指规律和规则,策划讲好中国故事,必须遵循思维规律和客观规律,具体而言,编辑需要加强和提升归纳逻辑、演绎逻辑、辩证逻辑、历史逻辑、时代逻辑的能力。三是调研基本功。调查研究、弄清情况是做好策划的前提和基础,策划讲好中国故事,首先就要开展选题调研,包括读者的覆盖范围、现实需求、文化背景等,身为编辑,需要加强典型调查、抽样调查、问卷调查、文献调查等调查方法的学习和研究。四是语言基本功。故事语言要生动朴实、贴近实际、贴近生活,向国外人群讲的故事,需要进行语言转换，出版相应国家或地区的语种图书，为此，编辑需要加强语言的学习和修炼。

6.3.2 造就文化软实力的“践行者”

文化反映民族的生命力和凝聚力，它是可以传承、播之四海、留于后世的。编辑是文化的传承者，在优秀文化的传承过程中，编辑处于主体角色位置，其主体意识直接决定着优秀文化在传承中的覆盖面和渗透力。在融媒时代，编辑传承优秀文化需要从以下 3 个方面进行思维能力的构建。

6.3.2.1 深刻领会和把握文化的内涵和作用

文化有广义和狭义之分，广义的文化是指人类在社会发展进程中，不断地认识自然、改造自然、认识自我、改造自我，在实践中创造、积淀形成的物质财富和精神财富的总和。物质文化财富是人类创造的种种物质文明成果，包括地理、建筑、工具、服饰、用品等。精神文化财富是人类创造的种种精神文明成果，包括宗教、信仰、历史、风俗习惯、道德情操、行为规范、生活方式、思维方式、价值观念、文学艺术等。狭义的文化，是人类在社会历史实践中创造、积累形成并获得人们共同认可和使用的语言、文字的总和。

文化具有极强的渗透性和持久性，能够以无形的意识、无形的观念，深刻影响有形的存在、有形的现实，深刻作用于经济社会发展和人们的生产生活，它既是凝聚人心的精神纽带，又直接关系民生福祉，是一个国家和民族的软实力。2003 年 4 月 15 日，胡锦涛同志在广东考察工作时就曾强调：“具有文化底蕴的民族，能够进行文化创新的民族，才可以发展，才能够自立于世界民族之林。”党的十八大报告也明确指出：“文化是民族的血脉，是人民的精神家园。”

6.3.2.2 夯实弘扬优秀文化的水平和能力

优秀文化可以传播正能量，教育引导人们树立正确的世界观、人生观、价值观，中华传统文化、革命文化、社会主义先进文化都是优秀文化，这三大文化类型是我们在世界文化激荡中站稳脚跟的“定海神针”，传承和弘扬好这三大优秀文化是媒体编辑的历史责任。

中华优秀传统文化源远流长，博大精深，不仅蕴藏着中华民族最深层的精神追求和最根本的精神基因，还代表着中华民族最独特的精神标识，滋养着生生不息、不断发展的中华民族，理应礼敬自豪、引以为傲。近些年来，国内外频现“国学热”“汉语热”“孔子热”，讲仁爱、重民本、守诚信、崇正义、尚和谐、求大同等思想被大力提倡和弘扬，这是中华传统文化重要现实意义的生动体现。身为媒体编辑，应该明白弘扬优秀传统文化不是简单地弘扬过往的文化遗存，而是要顺应时代潮流，用新思想、新实践进行文化创造，丰富群众的精神宝库。但不可否认的是，精良往往与糟粕并存，传统文化亦是如此，对于精良文化，要传承并弘扬，对于一些糟粕，则应当抛弃。总而言之，媒体编辑要本着古为今用、推陈出新的原则，对传统文化进行科学梳理，这是弘扬传统文化的行动指南和根本遵循。

革命文化是中国革命实践的光辉产物，在人类社会的历史长河中，中国共产党领导各族人民取得了一次又一次的革命胜利，创造了鲜明独特、积极向上的革命文化。近代时期，诞生了井冈山精神、长征精神、延安精神、老区精神、雷锋精神，当今社会，有"两弹一星"精神、载人航天精神、抗震救灾精神。这些充满时代特征的精神食粮，不断实现着中华文化的再生再造，无论是过去还是将来，都是激励我们不懈奋斗的精神动力，应该以传承和弘扬为路径，把这些宝贵文化资源开发利用好，使之融入人们的骨髓和血液，不断汇聚新的精神力量。

社会主义先进文化是中国文化发展的根本，应当笃信坚守。社会主义先进文化以科学的世界观和方法论，揭示了人类社会发展的基本规律和社会主义建设规律，其核心思想成果就是马克思主义指导思想。在中国共产党成立之初，马克思主义就写进了党的章程，马克思主义中国化在其后的实践过程中更是不断被推进，毛泽东思想、邓小平理论、"三个代表"重要思想、科学发展观和习近平新时代中国特色社会主义思想等都是马克思主义中国化的理论成果。我们党、国家和民族，正是靠这一社会主义先进文化的笃信坚守，才实现了今天的站起来、富起来、强起来。

6.3.2.3　树立"文化＋"和"＋文化"理念

发挥文化的特殊作用，把文化"活"起来、"动"起来，形成文化在利用中传承、在传承中利用的良性循环。形成这样的循环轨迹，需要树立"文化＋"和"＋文化"的理念。

"文化＋"是以文化为主元素，在实体文化资源中融入经济、社会、生态等元素，即"文化＋产业""文化＋旅游""文化＋教育"等。比如，被授予国家历史文化名城的湖南湘西凤凰古城，就是用"文化＋旅游"的理念，把一个400年前沿江而建的土家吊脚楼古建筑群体、古色古香的明清古院打造成文化旅游古城。现在，这个古城是国家4A级旅游景区，湖南湘西自治州旅游产业的"龙头"。"＋文化"是以生产产业、实体企业、自然景观等为主元素，融入文化因素，用文化进行包装，提升其功能及价值。例如，湖北省恩施市在茶叶产业发展中，于2006年申请对"恩施玉露"实施地理标志产品保护，并组织当地一些企业积极打造"恩施玉露"茶叶公共品牌。

2009年，“恩施玉露”被评为湖北省历史名茶，如今，“恩施玉露”茶园已发展到6万多亩、100多个茶叶加工企业，开发的系列产品畅销欧美和东南亚市场；2016年6月，《2016年中国茶叶区域公用品牌价值评估报告》发布，“恩施玉露”品牌价值达13.28亿元。

6.3.3 信息传播的“把关者”

一般来说，信息是指消息、信号、数据、情报和知识，自古以来，信息与物质、能量同等重要。传颂千古的唐代诗人杜甫名句“烽火连三月，家书抵万金”的家书就是信息。媒体是信息传播的主渠道，融媒时代，互联网和自媒体广泛应用，实现了信息的生产、传播和利用在全球范围进行，地球上任何一个角落的人，瞬间就可以同全世界任何其他地方的人进行信息对接。然而，有些人为了博取眼球，会对信息进行夸大或颠倒黑白，甚至无中生有，这就需要编辑人员在思想上树立把好四道关口的意识，即把好思想政治关、内容真实关、信息安全关、语言文字关。

6.3.3.1 严把思想政治关

政治意识是政治活动主体的政治思想、政治价值观、政治理论、政治立场、政治方向、政治信仰、政治纪律等方面的统称。历史证明，一个社会如果没有被广大民众所认同的社会价值凝聚，那整个社会就会形同散沙；一个国家如果没有被广大民众所认同的政治理想、政治理念所指引，这个国家就会停滞不前；一个政党如果没有强烈的政治约束力，这个政党就可能会消亡。信息对社会大众的思想影响力较大，直接关系到社会稳定与发展。主流媒体也是政治主体，融媒时代的编辑，特别是网络媒体的编辑，必须增强政治意识，从政治维度去考虑问题、把关信息、传播信息，自觉贯彻党管媒体的原则，始终坚持中国特色社会主义的政治方向不偏、马克思主义的政治信仰不变、为人民服务的政治立场不移。

6.3.3.2 严把内容真实关

从汉语字面来看，信息的“信”字就是诚实、确实、真实、相信、可信、信任、信用。信息具有两面性，真实的信息对于国家、社会、企业、个人都具有重要作用，是战略资源，但虚假的信息会给国家、社会、企业、个人造成极大危害。因此，我们传播的信息必须真实，媒体特别是主流媒体的公信力很强，比如人们对《人民日报》、新华网、中央电视台传播的信息信任度高。所以，媒体编辑特别是主流媒体的编辑，作为信息传播的“把关者”，必须增强求真务实意识，以求真务实的精神和作风，对传播的信息进行认真甄别，去伪存真，去粗取精，不为虚假信息提供传播的平台和机会。

6.3.3.3　严把信息安全关

如今已进入信息时代，信息技术给人们提供诸多便利的同时，也带来了许多信息安全问题，并且这种情况愈演愈烈。所谓“安全”，是指客观上不受威胁和侵害，主观上没有恐惧感，延伸开来，信息安全就是信息的传播、交流与接收不受损害和破坏。党的十六届四中全会将信息安全上升至国家战略，与政治安全、经济安全、文化安全并列，信息安全的重要性可见一斑。媒体编辑是信息的重要传播者，必须增强信息安全意识，把好信息传播渠道和内容安全关，确保信息安全。首先，要把好网络安全关，确保信息传播渠道安全。通过部署防火墙、入侵检测等技术手段和管理措施相结合，保护网络硬件、软件及网络数据，防止因偶然或恶意的原因使系统遭到更改、泄露以及破坏。其次，筑牢信息安全体系，确保信息内容安全可靠。网络环境下，信息安全问题突出，事关个人利益和社会稳定，媒体编辑必须担起主体责任，应用计算机技术、网络技术、通信技术、密码技术、信息安全技术等多种综合性技术，加强信息安全体系防控。再者，建立各种安全协议（防火墙等）、安全机制（数字签名、信息认证、入侵检测、渗透测试、风险评估等）、安全系统（如 UniNAC、DLP 等），以堵塞安全漏洞。

6.3.3.4　严把语言文字关

2015 年 11 月，新华社公布第一批禁用词，涉及时政生活类、法律法规类、民族宗教类、港澳台和领土主权类以及国际关系类。时政生活类词语中，不宜称身体伤疾者为“瞎子”“聋子”“弱智”等；法律法规类词语中，对未宣判有罪的刑事案件当事人，要慎用“罪犯”一词，而应使用“犯罪嫌疑人”；港澳台和领土主权类词语中，“台湾独立”或“台独”必须加引号使用；民族宗教类词语中，不能把古代民族名称与后世民族名称混淆；国际关系类词语中，不使用“十字军”等说法。显而易见，媒体是社会的“公器”，使用的语言要精准，经得起推敲。就编辑而言，必须严把语音文字关，对逻辑关系混乱、词语搭配不当、语意含混不清、句子累赘臃肿等进行修改，所以，有人把编辑称为文字处理的“工匠”或者“加工者”。语言文字至少要在以下方面力求精准：语言文字符合语法；语言文字符合逻辑；表达内容真实可信。

6.3.4　受众知识素养的“塑造者”

媒体编辑是传播普及文化知识、推进社会文明进程、提升社会大众素养的职业，被称为“文字处理的加工者”“受众知识素养的塑造者”“人类灵魂的工程师”。作为受众知识素养的塑造者，编辑需要从 3 个维度去建构编辑主体思维能力。

6.3.4.1 强化读者立场

党的十九大报告强调，坚持以人民为中心的思想，文字作品的广大读者就是人民群众，读者立场就是人民立场。从这个意义上讲，传媒行业应该坚持以人民为中心的思想，强化读者立场，注重研究读者的需求，以读者需求为导向进行文化产品的生产、加工和提供，从而满足读者大众对美好精神文化生活的多元化需求。

6.3.4.2 加强文学修养

文学素养是一个人在文字处理、创作、交流、传播等行为中表现出来的语言和思想水平。作为文字处理的加工者，编辑必定是文学艺术素养较高的人，分析能力、判断能力、鉴赏能力、审美能力是编辑应该具备的基本功，这些能力与个人文学素养呈高度正相关。也就是说，一个人的文学素养高，分析能力、鉴赏能力、审美能力就强，一个人的文学素养低，分析能力、鉴赏能力、审美能力也低。为此，融媒时代编辑应该加强文学艺术修养。

6.3.4.3 树立工匠精神

2016 年，《政府工作报告》中，“工匠精神”一词首被提出，2016 年 12 月 14 日，语言文字规范类刊物《咬文嚼字》公布十大流行语，工匠精神入选其中。工匠精神原用来形容手工艺人精益求精、追求完美的工作态度，对于文化产品的生产来说，同样需要这种工匠精神的坚守。在历史长河中，积淀传承的文化精品无一不是精雕细刻、厚积薄发的结晶，凡是传世之作、千古名篇，必然是笃定恒心、倾注心血的作品，曹雪芹著作《红楼梦》，披阅十载，增删五次。正是有了这种孜孜以求、精雕细琢、精益求精的工匠精神，优秀的文艺精品才能打造出来。媒体编辑作为文字处理的加工者，更应该牢固树立这种工匠精神。

6.3.5 精神文化产品的“营销者”

精神文化产品是人们创造的、满足精神文化生活的产品总和，丰富的精神食粮对满足人民对美好生活的新期待至关重要。为此，编辑必须当好精神文化产品的营销者，为社会大众源源不断地供给向上、向美、向好、积极健康的精神食粮。当好精神文化产品的营销者，需要树立 4 种意识。

6.3.5.1 树立精神高地意识

精神文化产品作用于意识形态，引导人们的价值取向，编辑在提供这种产品服务时，必须牢固树立精神高地意识。精神高地是指思想境界的区位和高度，编辑营销精神文化产品时，必须要以对社会高度负责的思想境界和追求“真善美”的精神区位对精神文化产品进行选择。具体而言，要选择思想性强、充满正能量的产品，能够教育人、鼓舞人、塑造人，比如英模事迹、先进典型、优秀案例、优秀文学作品等，淘汰庸俗化、媚俗化的精神产品。2008年，人民出版社以中央文明办、全国总工会、共青团中央、全国妇联联合在全国各地推选出来的53名道德模范的事迹为基础，编辑出版了《道德的力量》一书，集中展示了这53位道德模范的感人事迹和他们的崇高品德。该书一经发行，在社会上引起了强烈反响，起到了教育和引导公众的作用。

6.3.5.2　树立“事业”与“产业”意识

精神文化产品是丰富人们精神文化生活、滋养人们内心世界的营养液和润滑剂，是提高人们精神区位、构建和谐社会的必然要求。精神文化产品既有公益属性，是基本公共服务事业，又有商品属性，是经济增长产业。

公益性文化事业，是以社会效益为主体，向社会大众提供先进公共文化服务为目的、非盈利非经营性的文化基础设施和文化知识开发利用的载体，包括文化广场、新闻媒体等。

经营性文化产业，是以文化为经济资源的盈利行业，包括广播影视业、图书出版业、戏剧演艺业、民族工艺业、文化旅游业、休闲娱乐业、体育健身业、动漫业、广告业、印刷业等。文化产业是资源消耗低、环境污染少、附加值高、产出效益高的绿色产业，是前景广阔的“朝阳产业”，对促进经济发展方式转变、带动产业结构优化升级具有重要作用。

文化事业和文化产业二者能够互补、升级代换，即文化事业可以成长为文化产业，文化产业同样可以替补文化事业的功能作用。习近平总书记曾明确指出，推动文化事业和文化产业发展。对此，融媒时代的编辑在营销供给精神文化产品的过程中，既要树立精神文化是“事业”的意识，提供大众性、普惠性的产品服务，又要树立精神文化是“产业”的意识，推进文化产业发展，以满足社会大众多层次、多元化的精神文化需求。

6.3.5.3　树立“互联网＋”营销意识

2015年以来，社会和业界最热的一个词是“互联网＋”。“互联网＋”生态，是利用互联网技术，助推各行各业跨界融合，这个过程中，新产品、新业务、新模式彼此交融，万物互动的新生态由此而生。“互联网＋”所表现的跨界融合、连接一切、创新驱动、重塑结构、开放生态、尊重人性的特征，特别有利于精神文化产品的营销与消费者的接受。对此，融媒时代下的媒体编辑，应该树立“互联网＋”意识、构建“互联网＋”战略思维。

6.3.5.4 树立融合传播意识

随着社会的进步，精神文化产品的传播方式在不断地演变升级，更加趋于便利化。早期以自然语言为特征的口头传播方式，没有痕迹记录，不便于建档备查，后来以文字印刷为主的纸质传播方式，没有形象表达，受众的亲和力和体验感不强，再后来以广播电视为代表的电子传播方式，增强了受众的亲和力，但存档备查不方便，同时也受到时空的限制。如今兴起的以微博、微信、QQ 等为代表的网络传播方式，传播速度快、阅读储存方便、不受时空限制，但由于网络是虚拟空间，读者的可信度不高。随着新媒体的广泛兴起，传统媒体和新媒体正不断融合，传播的主体、客体、载体应该进行一系列内在转化。对此，编辑应该用融合报道的理念、逻辑和方法，进行精神文化产品的营销，本着越开放越有利于融合的原则，开放思维、开放平台、开放需求。

6.4 融媒时代编辑主体意识实现的路径与保障

融媒时代的媒体编辑在履行主体责任的过程中，策划讲好中国故事、传承好优秀文化、过滤好传播信息、加工处理好文字作品、营销好精神文化产品，需要从 3 个层面去实现和保障。

6.4.1 加强信息传播与网络法制建设

6.4.1.1 加强信息传播法制建设

2018 年 1 月 19 日，中国证监会召开例行新闻发布会，新闻发言人高莉说，近两年来，市场主体多元化与信息传播网络化相互叠加，编造传播虚假信息、扰乱市场秩序的情况时有发生，社会影响十分恶劣。由此可见，融媒时代的信息传播法制建设滞后，给政府治理、社会发展带来了严峻挑战。为此，国家应从以下方面加强信息传播法制建设。

加强立法。我国传播立法比较滞后，到目前为止，除了一些管理条例外，还没有一部专门的《传播法》对传媒工作者的权利、义务、责任、行为进行约束。加强普法教育。目前，宪法、刑法、民法、保密法、著作权法等法律法规中，明确有适用于媒体编辑的条文，要加强这些条文的宣传教育和执行。与此同时，编辑在执业活动中要注意做到以下几点：维护国家安全与稳定；保守党和国家的秘密；严禁传播淫秽与色情内容；维护民族平等和团结；避免侵权行为的发生。

6.4.1.2　着力网络法制建设

融媒时代的特质和核心是互联网平台。随着互联网与经济社会融合程度加深，个人隐私泄露、网络欺诈、网络侵权等问题时有发生，移动新媒体网络安全威胁更趋严重。政府应加快建设网络安全管理体系，全天候、全方位感知移动互联网安全态势，全面提升网络安全管理的能力。

国家顶层设计上，应加强网络信息安全的立法进程。进一步健全网络安全法律法规和管理制度，制定电信、广播电视、互联网、软件、信息安全等方面的法律法规及相关政策措施，完善网络意识形态责任制、网上知识产权保护、公共信息资源管理、网络管理、电子签名、数据保护等方面的法律法规，预防和严厉打击计算机犯罪和网络犯罪，构建覆盖各主体、全周期的网络安全管理链条。

强化网络资源管理。依法依规、统筹抓好域名、IP地址、网站管理，积极推进网站、域名、IP地址和电话实名制。落实基础电信业务经营者、接入服务提供者、互联网信息服务提供者、域名提供服务者的主体责任；加强新技术新业态的研究应对和安全评估；加强大数据资源应用和管理，建立完善涵盖基础、技术、产品、平台、应用、交易和管理的大数据标准体系，明确数据采集、传输、存储等环节的责任主体和具体要求。

规范互联网行业市场竞争行为。建立健全信息通信市场信誉管理机制和企业信用体系，规范传播行为。鼓励社会各界参与移动互联网治理，净化网络环境。

6.4.1.3　重视融媒编辑制度建设

编辑制度建设很重要，有利于规范行业运行。首先，要加强内控管理，将新闻信息服务平台和媒体传播平台纳入管理范围，用制度构建起法律风险的“防火墙”。编辑工作中，比较常见的问题有著作侵权、信息传播失真、文字用语不准等，这些问题很容易引起法律官司，对此，应加强制度建设，强化内控管理。这一点，新华社、南方日报社等媒体曾做了有益尝试。2000年，南方日报社委会出台《南方日报报业集团预防新闻侵权的若干规定》，2015年，新华社发布《新华社新闻报道中的禁用词（第一批）》。与此同时，要建立编辑知识与能力准入制度，从源头加强编辑队伍建设，所有相关从业人员都要实行准入管理。

6.4.2 加强改革创新与交流合作自律

自从 2014 年媒体融合上升为国家战略以来，我国传播行业完全进入了融媒传播时代，媒体本身不可避免地面临着新的挑战、新的选择、新的探索。一方面，随着微信、微博、移动电视、网络电台、手机报等新媒体不断涌现，传统媒体急需转型升级。另一方面，传统媒体与新媒体如何形成互动发展、融合发展、和谐发展的媒介生态，需要进行探索。基于此，媒体本身应该不断深化改革、推进创新、开放交流、加强合作、规范自律，主动适应新的时代要求。

6.4.2.1 改革创新，再造流程

重构编发网络，再造采编发流程。这是媒体深度融合最需要突破的难点，传统媒体与新媒体融合，应该从运行机制上融为一体，而不是简单相加。对此，传统媒体应精心建构组织体系，在重大选题策划、采访力量组织、稿件资源等方面与新媒体统筹运行。人民日报在推进传统媒体与新媒体的融合上，对采编体制机制进行改革，实行"报、网、端、微"四位一体，统筹发力、统筹采访、统筹技术支持，进一步提高了新闻舆论的传播力、影响力、引导力、公信力。

建构平台化传播格局。所谓平台化，就是在顺应互联网的基础上，以组织方式和技术手段为支撑，重构媒体的制度体系和技术设施，丰富媒体产品和媒体服务。从浙江报业传媒集团、湖北广电集团等主流媒体的融合发展实践看，都经历了从内容融合、渠道融合到平台融合的轨迹。例如，湖北广电集团建构的长江云平台，到 2016 年底已汇聚了全省各地广播、电视、电子报、网站、"两微一端"产品 8 112 个，打造了湖北省权威信息发布的"云稿库"，构建了全省共享互通的"中央厨房"。由此可见，媒体应该重视平台融合，积极构建平台化传播格局，这是媒体融合发展的关键，是推动媒体深度融合必然且可行的路径。

推进传播内容和形式创新，打造产品集群。媒体融合发展必须坚持传播内容为"王"、传播形式为"要"，这是新闻传播的基本，也是媒体发展壮大的根本。对此，媒体应该把传播内容创新放在首要位置、把传播方式创新放在重要位置，通过内容和形式的"双创新"，矩阵化发展，形成多产品集群，实现立体化传播。

满足多层次受众需求。地处内陆山区腹地的恩施土家族苗族自治州的党媒恩施日报社，由 5 年前的 2 个平面纸媒创新为当下的"2 大纸媒＋3 大网站＋3 个微信公众号＋3 个微博＋2 个信息平台"组成的媒体矩阵。针对该州创建国家全域旅游示范区活动，报纸、网站、微信、信息平台全方位推出"旅游文化周刊"专栏，为"处处是景区、人人是环境"氛围的形成，起到了重要的推动作用。

推动技术创新，积极应用互联网新技术新业务。与媒体融合发展态势相适应，媒体应加强移动互联网、大数据、云计算等新技术新业务的应用，培育壮大媒体融合新业态新模式。

创新人员管理，建设高素质全媒体编辑人才队伍。人才是媒体融合发展的关键主体和核心要素，媒体应该创新人事管理机制，建设一支政治坚定、业务精湛、作风优良的全媒体编辑人才队伍，培育更多有思想、有创意、有能力的复合型编辑人才，夯实媒体融合发展的人才根基。人才队伍建设上，媒体单位可以从以下方面实施。盘优存量，对媒体单位的现有编辑人员进行政治教育和专业技术培训、业务培训，提升政治素质、采编业务能力以及应用互联网信息技术的能力；做强增量，把好新进人员这个“入口关”，新录用的编辑人员，尽量是宽口径、全能型的复合人才；深化人事制度改革，构建用人导向和人事管理机制，使优秀编辑人才有“想头”、有“奔头”、有平台、有空间。

6.4.2.2　内容生产，质量至上

市场经济背景下，一个需要有经济后盾作支撑的生产单位，在原材料丰富、销售渠道畅、市场客户广、生产人员多的条件面前，容易被利益诱惑，造成快产快出的现象。这种浮躁心态下生产出的产品，往往粗制滥造、质量低下、伤害消费者。媒体是精神文化产品的生产车间，所拥有的原材料十分丰富，产品进入市场的销售渠道也相对宽阔。身为这个精神文化产品生产车间的制造“工人”，编辑必须坚守道德的底线，坚持质量至上的基本原则，生产和传播思想向上、内容健康、营养丰富的作品。

贯彻精神文化产品生产质量至上的原则，应该把好 3 个关键环节。一是原始稿件的审查关，对作者和通讯员的来稿要认真审查。二是编辑制作关，这个环节可以直观体现编辑的主体意识、政治能力和业务水平。三是作品审读关，这是确保作品质量的决定性环节，必须安排具有高度责任感的人员守住这道关口。

6.4.2.3　交流合作，规范自律

美联社是世界上最大的通讯社，被誉为“光耀全球的新闻灯塔”。该社是一家合作性的新闻机构，19 世纪创办之初仅有 6 家报纸参与合作，如今合作伙伴发展成为 1 700 多家报纸和 5 000 多家广播电视机构，订户遍及全球 121 个国家。在 160 多年的发展过程中，美联社始终没有改变建社时确定的“新闻共享、费用共担”的非盈利合作原则。显然交流与合作、规范与自律，是媒体做大做强、可持续发展的“铁律”。融媒时代，媒体发展更应遵循这一规律，开展广泛交流、精诚合作、规范

运行、诚信自律。

在网络信息技术发挥关键作用的融媒时代，媒体更应加强与相关部门的协同。一是与电信、广电等部门协同，推动云计算、大数据、移动直播、无人机采集、虚拟现实等技术的应用，提升数据存储挖掘利用、信息传播、信息呈现的能力和水平。二是媒体间进行合作交流，构建开放包容、互联互通、合作多赢的媒介生态格局。

媒体应该加强规范管理和严格自律。坚持"走基层、转作风、改文风"，用一线"活鱼"、用真实信息、用身边典型提升媒体的公信力、影响力和美誉度。坚决反对道听途说、弄虚作假、欺诈受众的新闻和信息，大力培育积极健康、开放包容、向上向好、向善向美的传播文化。

6.4.3 加强政治素质与专业能力建设

媒体的核心优势是人才优势，融媒传播需要融媒人才。融媒时代做一名合格的媒体编辑，需要较高的综合素养和专业能力作支撑。为此，编辑应自觉加强能力建设和素养提升，以适应时代要求和读者受众的期盼。

6.4.3.1 强化政治意识，提升政治素养

政治素养包括政治方向、政治观点、政治立场、政治纪律、政治敏锐性和政治鉴别力，这是媒体和编辑的灵魂。编辑只有具备正确的政治素养，编发的稿件和信息才可能引领正确的舆论导向，社会只有在正确的舆论环境下，才可能稳定健康发展。因此，编辑应该加强政治理论学习，用马克思主义新闻观指导自己的从业过程。

夯实理想信念，坚定正确政治方向。理想是人们为自己确立的奋斗目标和方向，信念是人们对确立的理想所抱有的深刻信任感的精神状态和表现出来的孜孜以求、不懈奋斗的意志力。我国正处于中国特色社会主义新时代，正确的政治方向是高举中国特色社会主义伟大旗帜、坚持中国特色社会主义道路。为此，媒体编辑应牢固树立共产主义远大理想和中国特色社会主义信念，坚定中国特色社会主义道路自信、理论自信、制度自信、文化自信。

严守政治纪律和政治规矩。遵守政治纪律，就是在思想上、政治上、行动上与党中央保持一致，时刻谨记党的领导、基本理论、基本路线、基本方略，维护中央权威的同时，自觉贯彻执行党的路线和方针政策。新闻媒体是党的喉舌，媒体编辑必须遵守政治纪律和政治规矩。

增强政治鉴别力。鉴别力是指在观察和处理问题时，分析鉴别是与非、真与假、善与恶、美与丑、功与过、得与失、苦与乐、荣与辱等大是大非问题的能力，是政

治素质的集中体现。身为媒体编辑，一是要分清是非，旗帜鲜明。二是要区别真假，善于透过现象看本质，其关键是深入实际、开展调查研究。

保持见微知著的政治敏锐性。政治敏锐性是指事物处于萌芽状态时，就及时抓住苗头，通过现象洞察本质，把握发展趋势，并据此确定应采取的态度和对策，它是编辑做好新闻传播工作的重要保证和基本前提。保持见微知著的政治敏锐性，媒体编辑应该破除“追浪随波”式思维、“墨守成规”式思维、“静态表面”式思维、“单向线性”式思维等思维方式，树立开放性思维、多样性思维、动态性思维、超前性思维以及发散性思维。

6.4.3.2 着重能力建设，提升专业素养

夯实现代科技素养。融媒时代编辑工作表现出“四个智能化”特征，即文字处理智能化、编发信息智能化、编辑方式智能化和技术人员智能化。这就需要编辑人员进行现代科技知识的学习和储备，熟练掌握和应用现代信息技术，包括计算机技术、移动通信技术、信息安全技术、网络系统技术、网络传输技术、网络交换技术、网络终端技术、网络应用技术、大数据技术、云计算技术、移动直播技术等。一方面，需要对现有从业人员进行岗位培训和继续教育培训；另一方面，需要在高校开设信息网络技术学科，把计算机知识、网络技术基础等信息技术作为必修课程，使后备编辑练就过硬的现代科技本领。

厚植文化知识素养。文化知识是媒体编辑的血液，编辑是智力劳动，不是体力劳动，需要知识的储备和支撑。一个优秀的媒体编辑，一定是文学修养深厚、知识面广阔的人才，知识贫瘠、文学功底浅薄的人，是制作不出较高价值的精神文化产品的，也难以讲好中国故事。因此，文化知识对媒体编辑而言，就如同人体的血液一样重要。编辑审稿时，政治、经济、文化、社会、历史、地理、生态、科技、卫生、教育等各个方面都会涉及。同时，编排时需要文学、美学、网络技术等知识的支撑。所以，媒体编辑既是专家、又是“杂家”，对此，编辑应做到学习经常化、工作化、生活化。

提升传播专业素养。新闻传播素养是媒体编辑的生命力，是编辑立身的资本，没有新闻素养的编辑，无法制作出有影响力、渗透力、生命力的作品。新闻传播素养，包括新闻敏感性、编排科学性、传播策划力、产品营销力、心理承受力、新闻道德观、媒体价值观等。对此，编辑应该不断充实自己，进行业务知识培训、职业道德教育、责任意识培育。

当前，我国正值传媒4.0时代，即融媒时代，传统媒体和新兴媒体加快融合，这种融合是传播内容、传播渠道、传播平台三维空间的融合；是以互联网平台为基础，

利用信息通信技术与各行业跨界融合，推动传媒行业优化、创新、新生，形成新的更强大的发展态势与发展格局。显然，这对编辑人员提出了新的要求、新的挑战。简单来说，融媒时代的媒介生态发生变化、媒体行业发展创新、读者大众精神文化生活的新要求等，都要求编辑主体意识进行更新和重构。

纵观国内外传媒行业和产业的发展，互联网语境中媒体平台的运行规律，各类互联网平台所定义的功能表现为商业功能、社交功能、搜索功能、信息聚合和传递功能，更重要的是，为思想文化市场的发育、规范带来深刻影响，对服务理念、社会治理结构变革起到推动作用。由此，以“互联网＋”为平台的融媒时代，编辑的主体责任意识要由过去的文字处理加工者这一单向责任，向讲好中国故事的策划者、优秀文化的传承者、信息传播的把关者、文字处理的加工者、精神文化产品的营销者等多向责任转变。与这个转变相伴的还有编辑的主体思想意识，要由过去的平面思维向立体思维转变，以适应“互联网＋”为特质的媒介生态。

第7章　大数据时代媒体融合的著作权保护研究

信息已成为现代社会的重要资源，人类生活离不开信息。信息无处不在，对于普通人来讲，比如要去某一地区，需要关注当地最近的天气信息；对于企业家的投资，也需要收集信息，关注政策、市场动向；对于政府的决策而言，更离不开准确有效的信息，以便做出科学的决策。随着科学技术的发展，人类社会正处在信息传播技术变革的大环境中。基于信息传播技术以及数字网络技术的发展，在提升人类对于信息处理和运算能力的同时，也在变革着信息传播的载体。

从历史上的六百里加急传播重要信息，到电报、电话传递信息，再到今天的网络传输信息，信息的传播载体经历着速度越来越快，时效性越来越强，方式越来越多样化的发展，这使得传播信息的媒体也变得越来越多样化。

媒体与著作权法律制度有着密切的关系，作品也是一种信息。随着互联网技术的发展，作为信息传播的载体，著作权意义上的媒体已不再局限于报刊、电视、广播等。信息网络技术的发展催生出大量的新媒体，如微博、微信、互联网媒体等。新旧媒体基于各自的优势，不断呈现出融合的趋势，媒体融合就是在这一大背景之下提出来的。

互联网时代的来临，推动了网络媒体等新兴媒体的诞生，新兴媒体的迅速扩张，使得新旧媒体之间的竞争愈演愈烈，侵权纠纷也伴随而生。一方面，是为响应国家对于推动媒体融合的号召；另一方面，出于自身的发展需要，新旧媒体之间也开始探索融合之路。媒体融合正深刻地改变着新闻媒体舆论宣传的途径，改变着公众接收新闻信息的方式，使得公众获取信息的渠道更加多样化，更加便捷。

在媒体融合的时代背景下，著作权制度同时也面临着诸多问题。实践中媒体著作权纠纷的增多，以及著作权制度在司法、立法之间的反复修改，都暴露出在媒体融合过程中，著作权法律制度不适应的问题。尽管基于旧的传播模式的著作权制度也进行了一些调整，但是仍然难以应对新的传播模式给著作权制度带来的挑战。因此，完善著作权法律制度对于媒体融合发展而言是一个迫切需要解决的问题。

7.1 媒体融合下媒体著作权一般分析

7.1.1 媒体融合及媒体著作权概述

7.1.1.1 媒体及其著作权

著作权法上的媒体不仅仅是信息的载体,其更主要的功能是信息的传播者。科学技术的发展对媒体的性质、特点、作用提出了许多新的概念,不再局限于传统意义上传播信息的载体,其更是产生信息的重要主体。传统观点认为:媒体主要是指报纸、期刊、电视台、广播电台等传统媒体的总称。然而随着信息技术的发展,媒体的内涵不应当仅仅如此,其本质除了是信息的载体以外,还应包括传播信息的实体。当然作为信息传播载体,媒体也不再局限于上述几种媒体形式,现如今还包括网络媒体等新型媒体形式。

我国著作权法律体系中虽然没有关于"媒体"一词的准确定义,但是媒体在著作权制度的诞生中却有着重要意义,可以说如果没有媒体,就没有著作权制度。这是因为:

首先,对于著作权制度来说,其核心内涵就是作品,但不是所有的作品都受著作权法的保护,其保护的作品需要满足一定的条件,如能够以某种有形形式复制,具备独创性。而媒体作为承载信息的物体可以使作品能够以某种有形形式复制。

其次,从著作权制度诞生的起因来说,一般认为著作权制度的诞生有两个原因:一是著作权制度的产生源于权利观念的进化;二是所谓"无利益则无权利",从著作权的角度来说就是"无传播则无权利"。一个作品如果不能传播,那么它的利益也就无法实现,所以著作权制度的产生与作品的传播方式是紧密结合在一起的。媒体作为信息存储、呈现、处理、传递的实体其可以传播作品、呈现作品,使得著作权人的利益得以实现。

最后,媒体与著作权制度是一种相辅相成的关系。媒体影响着著作权制度,著作权制度反过来也会制约媒体的发展。正如印刷技术的发展导致了"出版特权制度"的废除,同时也标志着近代以复制权为核心的著作权制度的诞生一样。作品之所以能够得到广泛的传播,在一定程度上正是由于借助了印刷技术的广泛应用。与此同时,媒体影响著作权制度则表现在以作品传播形态为主,进行权利体系构建的著作权制度,其制度的核心之一是"作品",而它的收益主要取决于其传播形态。正如有学者所说:"要使得作品获得经济利益,需要通过两种使用形式:一是以物质的、有形的形式复制整部作品或部分作品为代表的复制权，二是以非物质形式向观众或听众公开传播作品为代表的表演权”。复制权和表演权作为著作财产权的两种主要类型，都需要借助于诸如广播、电视、期刊等媒体进行广泛传播。同时，媒体的传播形态的构建也使得作品的收益得以实现。换言之，媒体与著作权制度有着密切的联系，媒体影响着著作权制度，著作权制度同时也在制约着媒体的发展。也正如此，媒体被信息传播技术的发展深深影响，而信息传播技术的发展也深深影响着著作权制度。

7.1.1.2　媒体融合及其特征

得益于信息网络传播技术的发展，新兴媒体在近几年发展迅猛。以微博、微信、今日头条为代表的新兴媒体在近几年占据着新闻信息传播的重要角色。新兴媒体拥有大量的受众，并且在一定程度上改变着受众的阅读和获取信息的习惯。然而，新的传播方式在造就新兴媒体发展壮大的同时，却也使传统媒体行业陷入发展困境。例如，给将收听、收视率及广告收入等作为主要盈利模式的广播、期刊等此类传统媒体造成了极大的影响，如报刊停发。

“求存法则表明，传统媒体在新的媒体的挤压下，并不是自行消失，而是通过尝试不同的方法来适应，并且继续在其媒体领域内不断演进。”正因如此，传统媒体不愿坐以待毙，为度过自身发展的寒冬，开始积极寻求发展之道，尝试与自媒体、网络媒体等新兴媒体进行融合，拓宽利益来源。与此同时，新媒体也意识到：仅靠非法转载，没有稳定优质的作品来源，其发展也难以维系下去。于是在国家大力推动媒体融合的背景下，传统媒体与新兴媒体开始进行融合，实现技术与应用、内容与服务、平台与渠道、终端与用户、产业与政策的融合，形成了全方位，多元化的媒体传播平台。

互联网时代，信息传播呈现出较为突出的特点。互联网信息的传播具有交互性、实时性、数字化、网络化、覆盖广等特点。基于互联网信息传播的特点，新媒体利用互联网进行信息传播也较传统媒体传播形式有了自身的优势。主要表现为：从传播的内容上说，媒体人可以利用新兴媒体微博发布图片新闻、视频新闻，使新闻的表现形式更多样化、更直观、更具体。从传播的时效性上说，新兴媒体传播的时效性较之于传统媒体更强，这是因为新兴媒体新闻作品上传方式更加简单。比如，某一地方出现突发事件，而突发事件的目击者可以通过自媒体发布微博信息，将该新闻信息传播出去。对于传统媒体而言，则由于其自身的限制而无法保证每次新闻的出现都在现场及时报道，从而产生一定的滞后性。

新媒体有其技术上或时效性的优势，但传统媒体也有其自身的特点。例如，相较于新媒体来说，传统媒体在权威性和公信力方面仍具有不可替代性，是专业的内容制造商和权威发布者。其表现在：首先，传统媒体的消息一般都需要经过多次审核，层层把关才能发布；其次，传统的报纸、期刊等纸质媒体会有着相对较为严格的审稿、发稿程序，从而在很大程度上避免不实报道的发生；最后，传统媒体可以将一些更有深度的报道展现给受众，就拿中央电视台的《焦点访谈》《新闻调查》等节目来说，因其深度的报道，使得受众可以更为深入细致地了解新闻背后的真相。

基于新媒体技术上的特点和传统媒体内容上的权威优势，以及上文所述的不管是传统媒体还是新媒体的自身发展需求，传统媒体与新媒体之间都开始探索融合之路。如人民日报社提出："适应媒体发展趋势，重构采编流程，逐步实现媒体内容的融合"，以人民日报客户端的上线为标志，人民日报已经形成了基于移动互联网的微博、微信、客户端的移动传播新布局。提升了人民日报社在舆论场上的传播力和影响力。

那么何为媒体融合？媒体融合其基本内涵为"多种媒体呈现出多功能一体化的趋势"。简单来讲，就是将不同形态的媒体形式，如报纸、期刊、互联网、自媒体等媒体"融合"在一起，产生"质变"，形成一种新的媒体形态，如电子期刊、电子报纸等。例如将纸质图书、杂志通过数字技术转化为数字图书、数字杂志；将传统的信息传播方式转变为通过官方微博、微信、客户端进行传播等，进一步来讲"就是将一切与媒体及其有关的要素进行融合，包括媒体形态、媒体功能、传播手段、所有权、组织结构等要素的融合。"换句话说：媒体融合是在信息传输通道呈现出多元化的背景之下，使报纸、电台、电视台、期刊等传统内容媒体与新兴媒体传播通道如手机、互联网以及其他智能终端有效结合起来，从而最终实现资源共享、集中处理，将信息通过新的传播平台传递给受众的一种新的信息传播作业方式，其主要体现在互联网中的媒体融合。

综上所述，互联网时代的媒体融合具有以下特点：一是传统媒体与新兴媒体融合的动力来自利用对方的优势和特点弥补自身的不足。比如，传统媒体可以利用新兴媒体个性化突出、信息发布实时等特点与新媒体进行融合。二是在互联网时代，不管是传统媒体还是新媒体，都将传播的作品上传到互联网中，使受众既可以在网上看到报纸的实时新闻内容，还可以阅读报纸的往期内容。三是传统媒体与新兴媒体之间并不是一种"你死我活"的对立关系，而是一种彼此依赖的关系。传统媒体在自身生产高质量的新闻作品后，可以利用新媒体快速及时传播的特点，提升自己在舆论场上的传播力和影响力，而新兴媒体可以借鉴传统媒体的优质内容来提升自己的权威性，达到双赢的效果。

7.1.2　国内外媒体著作权保护现状考察

7.1.2.1　国外现状

事物总是处在不断发展中的，媒体融合概念的诞生也是如此。1963年，美国学者首次在研究技术领域提出了"技术融合"的概念，随着对于融合这一概念理解与认识的加深，另一位美国学者尼古拉·尼葛洛庞蒂绘制了三圆重叠图来描述计算机、印刷和广播三者的产业融合。该三圆重叠图形象地描绘了融合的概念，他认为在圆圈的交融之处，应当是创新最多的领域。将融合这一概念应用到媒体中去的是美国传播学者普尔教授，他在《自由的科技》一文中提出"媒体融合"，是指各种媒体在发展过程中呈现出多功能一体化的发展趋势。随着媒体融合概念的提出，不少外国学者都对这一概念进行了研究。例如，美国学者 Andrew Nachison 强调媒体融合是各种数字媒体之间的联盟，学者 Jenkins 认为媒体融合不仅是技术融合、媒体转型，而且是一种文化融合。此外，许多学者以新媒体、新技术为切点进行研究，代表作有约翰·帕夫利克的《新媒体技术——文化和商业前景》，戴维·希尔曼的《数字媒体：技术与应用》等。

国外立法实践中，对于媒体著作权保护，各国立法从各个角度都对媒体进行了相应的保护，也都规定了相关的条款。观察各国媒体著作权的保护，可以发现主要有以下特点。一是新闻内容的保护问题，对于此问题，日本著作权法就将纯事实消息规定为人事往来、讣告、火警和交通事故等日常消息，从而界定了何为纯事实消息，对于此类纯事实消息法律则不予保护。二是网络媒体转载新闻信息问题，对于网络转载的许可问题，意大利《著作权法》第101条明文规定，在新闻公报发布16小时内，或者在通讯社授权发布的报刊发行之前，未经授权而转载或者播放通讯社发布的新闻公报视为非法，通过此类的规定既保护了信息的广泛传播，同时也兼顾了权利人的利益。作为英美法系的美国版权法也对此规定，除非新闻原创媒体与其他新闻利用者（媒体、其他组织或个人）之间有约在先，否则新闻原创媒体享有20小时的优先转播权。三是新闻信息的保护问题。对于该问题，在德国《著作权法》中，通过增加邻接权的种类来对其加以保护，其法律规定了一种新邻接权（即新闻出版者权）来保护报纸杂志对于新闻信息所享有的权利。

7.1.2.2　国内现状

国内最早引进"媒体融合"概念的学者是中国人民大学蔡雯教授，其为我国媒体融合理论研究与实践做出了不少贡献。她的主要观点是"媒体融合"除了是各种媒体组织间的合作模式之外，还是各类媒体通过新介质真正实现融合形成的一种独立运行、操作规范的新闻生产模式。除此之外，其他学者也有关于媒体融合的论述，如有学者认为："媒体融合是数字技术和网络技术推动下所有的媒体都向电子化和数字化靠拢的一种形式。"

事实上，即使我国著作权法上没有媒体的概念，但著作权法中却有着较多的有关媒体的条款。如上文所提到的著作权法第五条，以及第三十三条报刊法定许可的规定，当然还有著作权法第二十二条报纸、期刊、广播电台、电视台等媒体为报道新闻合理使用作品的规定。

尽管有大量的条款对媒体的行为做出了规定，但是对这些条款进行分析，不难看出我国现行著作权法关于媒体行为的规定，明显带有旧的传播痕迹。首先，"时事新闻"与"时事性文章"地位不同，给这两者概念的区分带来困难。著作权法第五条，规定本法不适用于时事新闻，该法第二十二条第五项规定报纸、期刊、广播电台、电视台等媒体对于时事性文章合理使用，因时事性文章属于合理使用的范畴，而合理使用只是平衡社会公共利益的侵权抗辩事由，说明时事性文章是受著作权法保护的。由此可见，在现行著作权法律体系中，"时事新闻"与"时事性文章"受到著作权法不同待遇。但是如何区分"时事新闻""时事性文章"，这对于处于媒体融合的背景下的各类新闻媒体来说是一个不小的挑战。因为在媒体融合的背景下，"时事新闻"与"时事性文章"几何级数增长，要区分哪些是时事新闻，哪些是时事性文章，在没有统一的标准下很难区分。

其次，著作权法及其实施条例关于媒体的列举，只有报纸、期刊、广播电台、电视台。虽然后面有"等"字作为开放性条款，然而在媒体融合下，传播技术发生了重大变化，上文提到媒体的形式不再局限于报刊、电视、广播等，产生了"第四媒体"——网络新兴媒体。有基于移动通信网的微博、微信、新闻客户端等自媒体；也有基于互联网网络的数字图书、数字杂志、数字电视等互联网媒体。网络媒体等新兴媒体已成为新闻报道、舆论传播的重要力量。现有的著作权制度是否能够应对这些新兴媒体的著作权保护，也是一个值得思考的问题。现行法律并未对此进行规定，必将会导致了网络媒体等新兴媒体在著作权法中的尴尬地位。

7.2 媒体融合时代的新闻著作权问题

新事物的诞生和发展，总是和硬币一样有着两面性的特点，有利也有弊。对于著作权法律制度而言，传统媒体与新媒体走向融合取得良好成效的同时，也产生了一些消极的影响，如著作权纠纷也日益增多。这其中的原因之一，是现行著作权法律制度的滞后性以及不科学之处。媒体融合对著作权法律产生的影响主要在于著作权法中关于新闻媒体的规定，以及著作权利限制制度的规定。对新闻媒体保护的影响主要表现在新闻作品的保护，以及新闻作品的界定上；对于著作权限制制度的规定，则是因为我国在建立著作权法律制度初期对于媒体的认识存在局限性。随着经济社会的发展，媒体的作用已不再局限于当初。

媒体融合下，新旧媒体都得到了快速的发展，这一过程，使得传播的新闻信息正在以几何数量增长。如此一来，传媒产业化的发展使得以内容为王的媒体行业催生出大量的具有独创性的新闻作品。因为要生存，就需要不断创作出优质的内容来吸引受众，这也使其中绝大多数的新闻可以构成新闻作品。受著作权法保护的作品除了构成作品的积极条件外还有消极条件。比如，实践中针对媒体时事新闻侵权的案件时有发生，侵权者多以《著作权法》第五条规定关于本法不适用于时事新闻规定作为抗辩的理由。然而对于该条的规定，学界对此颇有微词，有学者从其含义理解认为："《著作权法》规定时事新闻不受保护是为了强调事实应被排除出保护范围，而不是为了促进信息的传播，对以事实为基础创作的作品的著作权加以限制。"有学者提到该条款有没有必要时认为："我国著作权法中有关著作权法的保护不适用于时事新闻的规定，显得没有必要，应该予以取消。"

上述争议除了在理论上产生分歧以外，也给司法实务带来了不小的麻烦，甚至造成司法判决同案不同判的情形发生。在近几年的司法实践中，涉及时事新闻争议焦点问题主要集中在：如果报道一则新闻加入了照片来增强报道的新闻效果，则该照片是否也可归属于时事新闻，从而根据著作权法的规定不受著作权保护。对此司法实践存在着不同的观点，例如在"范冰冰婚纱照"案中，法院认为涉案照片是新闻事实的再现与引证，据此认定涉案照片属于时事新闻。一些法院则持相反的观点，在"陈冠希抵京照片案"中法院就认为，涉案的关于"陈冠希抵京"的照片不属于时事新闻。因此，媒体融合下，著作权制度是否需要该条款对于新闻作品进行界定，就存在争议。

当然，上述只是我国新闻媒体著作权制度在媒体融合过程中不适应的一种情形，除此之外还有关于新闻作品的规定不适应。例如，我国《著作权法实施条例》第二条是对作品的规定，主要满足能以有形形式复制，以及具有独创性的智力成果就属于著作权法所保护的作品。本条虽未直接表明媒体所传播的时事新闻不是作品，但在媒体融合下，微博、微信、"今日头条""天天快报"等新兴媒体的使用，已然在潜移默化中改变了公众获取和传播信息的方式。

随着传媒产业的发展，新闻作品的著作权权属问题，现如今已成为新闻传媒产业发展的障碍，也影响着媒体融合的发展。新闻作品的著作权权属问题主要是因为新闻作品来源的多样性，特别是媒体融合时代，造就了人人皆媒体人的时代，个人开公众号、微博等来传播新闻信息。该现象导致的结果是自媒体人的版权意识不强，未对其传播的作品加以有效的保护，如未对自己的作品进行署名等，这就造成了许多新闻作品的来源不详，使得司法实践中，被告往往会对新闻媒体对其主张权利的作品享有著作权提出质疑。例如，“在上诉人(原审被告)北京迈思奇科技有限公司与被上诉人(原审原告)派博在线(北京)科技有限责任公司侵犯著作权纠纷案”中，就是因未对新闻作品的著作权权属加以明确规定，所导致的著作权纠纷。并且该案原告败诉的原因之一，是原告未能很好地处理新闻作品著作权的归属。

可见媒体融合下，新闻作品以几何级数增长必然导致新闻作品权属问题的增加。因此，解决媒体融合下新闻作品的著作权问题非常关键，因为一旦权利主体，对于其新闻作品权属证据不足以证明其拥有新闻作品的著作权，其维权活动必将是“无源之水”，给维护权益带来较大的困难。所以，新闻媒体不管作为新闻作品的生产者也好，还是传播者也好，其保护新闻作品的前提都是要对该新闻作品享有著作权，在遭受侵权时都需要新闻媒体对其主张权利的作品享有著作权。可见，不论是传统媒体时代还是媒体融合时代，新闻作品的权属问题都是新闻传媒产业发展的关键问题。

7.3 媒体融合下媒体的著作权保护困境成因

7.3.1 媒体融合下自媒体的著作权保护困境成因

7.3.1.1 媒体融合下自媒体传播的作品著作权归属认定困难

媒体融合下，自媒体传播的作品以几何数增长。一部作品的作者获得著作权主体资格的主要途径是通过向公众发表作品，以及在其作品上署名。当然在自媒体平台中，发布自己创作的作品实现著作权的主体资格也是如此。而这种行为正是控制发表权和署名权的行为。然而媒体融合时代，这两种权利很容易被侵犯。不是说行为人都是故意去侵犯这两种权利，而是这两种权利所表现的行为在自媒体平台很容易被实施。也就是说，这两种权利的边界很容易被行为人所跨越。主要是因为自媒体平台本身的特性。例如，在微信中转载一篇文章非常方便，只需要我们在微信中轻轻一点，就能将一部作品转载出去。就是这轻轻一点，由于版权保护意识的缺乏，许多自媒体人在转载时都是未经许可。同时，作者并未将该部作品进行发表，其只是在其微信朋友圈的特定范围内发布，并未向不特定的公众发表，这在无形之中就侵犯了作品的发行权。

即便是作者已经发表，而在现实生活中自媒体转载作品往往不注明出处，不表明作品来源的行为极为多见；甚至更有甚者，将他人的作品署上自己的名字而进行"转载"，而这一行为却已然构成事实上的抄袭。

上述两种行为不仅对权利人的发表权和署名权造成侵权，而且影响作品权利人主张侵权，因为这对于界定该作品的著作权主体带来了很严重的困难。这种现象的原因在自媒体转发的作品中较为常见，要想界定谁是作品的著作权人十分困难，这就导致作品的著作权主体本来应受法律保护的人身权利和财产权利得不到实现，造成自媒体传播的作品著作权归属认定困难。当然要想确定著作权人并非不能，需借助一定的技术手段，然而，该技术手段花费的成本却远远大于获得的收益。对于作品著作权人来说，得不偿失。

7.3.1.2　自媒体侵权手段隐蔽导致难以获得直接的侵权证据

自媒体时代，作品存在于自媒体中的形态区别于存在于纸质等有形载体，其呈现出一种数字化形态。然而也正是因为这个原因，使得对该形态作品的侵权变得相对容易，以前我们复制一部作品，如最简单的文字作品的复制，只需去复印店复印即可，然而，自媒体时代比这种行为更加轻松，因为复制的作品无需纸质载体，其只需要复制由代码组成的"数字集"即可。"这种以复制为表现形式的侵权行为不仅可以窃取内容完全相同的作品，并且由于这种数字集信息掩藏在虚拟网络数以万计的信息中，致使这种侵权行为具有很强的隐蔽性。"

在侵权案件中，确定侵权的主体也就是被告是提起诉讼的前提。然而，在自媒体这个平台中，很难认定侵犯著作权的主体，因为自媒体平台属于虚拟的网络社交环境，尽管国家要求社交网络要实行实名制，但是在制度未完全实行前，这一问题会始终存在。

7.3.1.3　自媒体平台的网络虚拟性导致难以确定案件管辖法院

司法实践中，法院对于自媒体的纠纷审理难度较大。其主要原因在于自媒体平台的虚拟性。在民事诉讼中，一般确定管辖的依据为侵权行为的发生地与侵权行为所在地作为法院有管辖权的依据。而在自媒体平台中，因其具有虚拟性，导致在这个平台中难以像现实世界那样借助虚拟的网络信息去确定侵权行为所在地与侵权行为发生地来确定管辖，因此要想确定自媒体侵权纠纷的管辖法院存在着一定的困难。

7.3.1.4 网络侵权利益损失难以确定

自媒体侵权中，法院确定因侵权所造成的损失存在不小困难。这是因为在传统环境中，侵犯著作权所造成的损失的数额计算主要是计算侵权生产产品的数额来确定。然而在自媒体这个虚拟网络环境中，法院很难去确定侵权行为人获得哪些收益，比如流量的收益、广告的收益等计算难以确定，这直接导致赔偿数额很难确定，因此在自媒体这个虚拟的网络环境下，如何计算侵权造成的损失是法院在审理这类案件中无法忽视的难题。

7.3.1.5 电子证据取证困难

自媒体生产的作品的特殊性，在自媒体著作权侵权诉讼中，法院往往需要原告提供诸如通过微信转载作品的数据等电子证据，然而电子证据并不像普通证据一般容易取证，需要通过专业人士去进行，取证费用成本高。即使电子证据被取得，但是电子证据不像物证那样证据确凿，其容易被销毁、篡改导致证据缺失，以及被对方当事人所质疑。

7.3.2 媒体融合下传统媒体的著作权保护困境成因

7.3.2.1 避风港原则存在制度漏洞与缺陷

避风港原则，简单来说就是“通知＋移除”(notice-take down procedure)，即网络服务提供商(ISP)由于没有能力对海量的信息是否侵权进行甄别，因此要由权利人主动按照法定的形式通知ISP自己的权利受到侵犯，如果ISP及时移除了相关侵权内容，则免于承担责任。然而，媒体融合背景下，ISP借助于网络媒体技术的发展，侵权方式越来越多样化和隐蔽化，面对传统媒体的侵权诉讼，ISP常常滥用此原则规避侵权风险。

例如上文所述“今日头条”案。《楚天都市报》并非第一家起诉“今日头条”的媒体，2014年“搜狐网”就曾起诉“今日头条”侵权。当时“今日头条”就以避风港原则进行抗辩：只要搜狐公司给我方发来通知，我方就可根据通知移除或者断开链接，这样我方将不再承担任何责任。“今日头条”正是利用该原则对“通知＋移除”规定的不完善提出抗辩。我国《信息网络传播权保护条例》有关“通知＋移除”的规定，对“通知”和“移除”所要达到的合理程度并没有具体的标准，正是这种模糊的规定给了ISP钻空子的机会，也是传统媒体屡遭网络非法转载、非法侵权的症结之一。

7.3.2.2　版权行政与社会力量保护不足

行政手段是版权保护的重要组成部分，但当前版权行政保护不足也是媒体融合背景下传统媒体面临的困境之一，主要表现在：第一，行政管理部门对新媒体的管制权过于分散。第二，对新媒体的管理普遍存在政策滞后的现象，行政管理跟不上技术应用发展的步伐。第三，行政保护的门槛较高。依据我国著作权法相关规定，版权侵权行为要达到“损害公共利益”的程度时，行政管理部门才能介入。以报纸侵权为例，报纸的报道被新媒体盗用行为较为分散，个案产生的经济损失不大，更谈不上“损害公共利益”，正因如此，新媒体的盗版侵权行为很少能成为行政管理部门规制的对象。

除有法律、行政管理等国家行为外，相关社会组织也承担了部分版权保护的职责。与版权相关的社会组织有中国版协等行业协会和中国文著协等著作权集体管理组织。理论和国际实践都表明行业协会和著作权集体管理组织在保护版权方面具有较好的作用，但在国内，行业协会和著作权集体管理组织的作用尚未充分发挥，反映出我国版权保护的社会力量较为薄弱。

7.3.2.3　传统媒体版权资产管理缺失

版权资产，是指为权利人所拥有或控制的、能够产生经济价值的作品的著作财产权，以及与著作权相关权利的财产权益。媒体融合下，由于传统媒体版权资产管理的缺失，导致在遭遇网络非法转载等侵权行为时，往往缺乏维权的能力，抑或具备维权能力，但版权保护意识薄弱。

过去的观点认为，传统媒体例如报刊，对于其他媒体转载自己的新闻作品，是其提升影响力的一种重要方式，因此，在网络转载刚兴起时，对于网络转载并未采取制止措施，这是长期以来版权意识薄弱，以及新兴媒体的兴起未引起其足够的重视。然而，对于传统媒体而言，优质的版权资源是其核心竞争力，版权意识薄弱导致传统媒体对于版权资产管理的缺失，从而引起了版权资源管理与运营方面的诸多问题。如忽视版权的清查、评估，对自身所拥有版权资产总量不明，这就很容易造成自有版权资产的闲置浪费；版权资产管理制度的缺失，无法满足媒体融合时代精细的授权要求，易遭遇非法使用等法律侵权风险，使版权资产存在安全隐患，版权资产的运营不足，缺乏对版权资产的中长期规划，往往只重视眼前利益，易引发版权资产的流失等。

7.3.2.4 传统媒体版权维权艰难

传统环境下对于侵权证据的收集虽然工作量大，但证据确凿且易保存。然而媒体融合时代，通过微博、微信、移动客户端等新媒体实施的侵权行为，不仅较难找到侵权证据，而且要想将证据很好地保存起来也很困难。例如一些不法网站为了非法转载他人报刊作品，雇佣网络水军将报刊作品内容删掉作品出处，然后发表到一些论坛、微博等网络媒体平台中，自己再将这些作品刊登在自己的网站上，对于这种行为，传统媒体一方面很难收集证据，另一方面也很难发现侵权主体。因此也导致了版权维权成本过高、维权艰难。比如，在 2008 年《新京报》起诉浙江在线网站未经授权非法转载案中，涉及作品 7 706 篇，而根据法律的规定这属于不同的争议事实，存在多个诉讼标的，构成多个独立的诉讼，不宜合并审理，于是杭州法院通知原告这些案件应当以每篇文章一个案件分案进行起诉，然而如果案件被拆分，仅诉讼费就有 38.5 万元之多，更别提会增加的公证费、律师费等费用，同时单独提供每个案件的起诉书和证明材料也耗时费力。为此，《新京报》选择撤诉，同意和解。

这只是开始，即使传统媒体在经历重重困难后胜诉，获得的经济赔偿与高昂的维权成本相比也是得不偿失，造成版权维权获益少。仍以上述案件为例，如果《新京报》胜诉，可获 200 万元的赔偿，而《新京报》的采编成本已达每个字 5 元，再加上将诉讼费、公证费、律师费等，这 200 万元也难以平衡 7 706 篇作品的维权成本，更别说是获益。

7.4 媒体融合下完善媒体著作权保护机制的建议

基于传统传播方式制定的著作权制度已出现不少挑战，媒体的传播方式深刻影响着著作权制度，而现行著作权制度是基于传统媒体制定的，相较于新媒体而言，对传统媒体的约束力也更强一些。当然著作权制度也与时俱进地进行了适当的调整和修改，但从实践效果来看，仍然无法适应媒体融合时代新的传播方式发展的速度。著作权制度需要基于新传播方式的特点，完善相应的制度，以回应新的传播方式下的媒体融合时代。

7.4.1 完善著作权相关立法

在著作权法第三次修改的大背景下，完善著作权的相关立法，对于推动媒体融合的发展具有紧迫性和可操作性，应当从以下几个方面去完善媒体融合的著作权相关立法。

7.4.1.1　完善著作权法第五条关于本法适用于时事新闻的规定

针对著作权法第五条第2项的规定存在的问题，在理论中存在着两种不同的观点：一是将其直接删除同时完善关于作品的定义；二是保留该条款但是对其加以限制性解释。

7.4.1.2　完善对时事性文章概念的界定

将时事新闻删除后，与新闻作品相关的概念中，时事性文章的概念的界定就存在其必要性。

7.4.1.3　报刊法定许可制度的完善

报刊转载法定许可是否存在，在我国的著作权制度中有争议，焦点主要在于该制度适用于传统媒体为何不能适用于网络媒体，以及该制度理论正当性、实践操作以及与国际著作权保护衔接等问题。当然，许多传统媒体抱怨其投入了大量的人力、物力，比如传统媒体新闻作品的生产往往会通过新闻评论和深度报道才最终呈现在受众面前。

7.4.1.4　报道时事新闻的合理使用制度适用于网络媒体

互联网时代，网络作为新兴的全球性信息媒体，被誉为“第四媒体”，然而同样作为信息传播的主体，网络媒体在合理使用中的法律地位却与传统媒体享有不同的待遇。例如，著作权法明确规定：为报道时事新闻，传统媒体如果不可避免地再现或者引用他人已发表的作品属于合理使用。尽管在该条例后有“等”兜底条款，但是法律或司法解释都未明确该条包含网络媒体。这就造成了网络媒体使用该款的困难，也造成了传统媒体与网络媒体之间不平等地位的产生。在著作权法第三次修改合理使用第3项、第4项、第5项中增加了信息网络媒体，使网络媒体与报纸、电视台等传统媒体地位一致，正视了网络媒体的客观存在，消除了媒体之间的歧视待遇，值得肯定。同时，1996年世界知识产权组织主持缔结的《知识产权组织版权条约》和《知识产权组织表演与录音制品条约》均承认：对著作权的限制完全适用于数字环境。

7.4.1.5　优化避风港原则

“避风港”规则是一种免责和抗辩事由，现行版权法律制度关于避风港原则的规定，对ISP接收“通知”和实施“移除”的规定较为模糊，从而造成了ISP对权利人

“通知”怠慢处理，逃避打击网络侵权行为的义务。

为此，应当优化避风港原则，对避风港原则中ISP接收通知的渠道、移除侵权作品的期限及速度等关键性要素进行兼具灵活性和效率性的框架性规定，并且严格界定ISP使用避风港原则的前提条件和范围。

7.4.2 强化版权行政与行业组织在媒体融合过程中的作用

7.4.2.1 加强版权行政保护在媒体融合过程中的作用

作为我国特色制度，版权行政保护一直在我国版权保护中起着重要的作用，在媒体融合的大背景下，新问题不断涌现，而司法保护存在着纠纷解决时间长、程序烦琐等，作为行政保护，强调时效性，在解决纠纷中有着其自身的优点。为此，在解决媒体融合过程中所遇到的著作权保护困境，应当积极发挥行政保护的作用，健全媒体版权的行政保护机制，可以从以下几个方面入手。

第一，与媒体保护相关的行政机关应当及时出台指导性文件，如出台针对微信、微博等新传播方式的约束机制，细化著作权法中关于行政管理部门介入版权侵权的条件，确保版权法律法规的实施。这是因为媒体融合毕竟是新事物，必然会面对许多出现的新问题，面对新问题如果不及时加以解决将影响新事物的发展。

第二，提升行政执法人员的素质。与行政部门管理传统媒体轻车熟路相比，行政执法人员在面对各种新媒体时往往不知所措，因此要有针对性地提高行政执法人员素质，提高对于新媒体、媒体融合等方面的知识。

第三，提升行政保护对于媒体版权保护的作用。自媒体侵权泛滥的原因之一是：我国对于自媒体侵权欠缺相应的惩罚机制，对自媒体用户的约束不大。比如，对于在微信公众号非法转载侵权作品，微信平台的管理者腾讯也仅仅只能根据“微信公众平台关于抄袭行为处罚规则的公示”进行封号处理，而现有的自媒体平台如果没有实行实名认证制，用户因为侵权而被封号后，可能仅仅只是损失了一个号码，并未受到实质性的损失。正是因为缺乏强有力的惩罚措施才导致微信公众号非法转载的肆无忌惮，例如，在微信公众号传播非常广泛的“友谊的小船说翻就翻”的漫画，由于在微信上未经授权的非法转载已成事实，权利人仅仅呼吁转载时能够注明出处，更别说找出侵权人索取侵权损失。对于这一问题，应适当加大对自媒体作品著作权侵权的打击力度。一方面，完善著作权侵权赔偿，应规定赔偿金额不能少于因使用他人自媒体作品而获取的利益；另一方面，版权行政部门也要对这一版权侵权行为进行打击。

7.4.2.2　采取多元化纠纷解决方式应对媒体之间著作权侵权行为

目前，媒体之间对于新闻作品的侵权行为的解决，主要通过诉讼、谈判、协商等方式。不管是新媒体、还是传统媒体，主要是通过其自身的法务部门来完成的。然而，诚如上文所述，新闻作品的侵权纠纷大量存在，仅仅《新京报》每次发布的侵权公告就有几十起。对于大型的传统媒体而言还好，但是对于一些中小型报刊媒体，因其作品被众多的侵权者非法转载，在本身就受限于其自身条件外，还要与众多的侵权者解决纠纷，在这样的情形下，往往力不从心，并且通过诉讼处理侵权纠纷本身也是一笔不小的开销，所以不少传统的中小媒体纷纷选择了非诉方式。但是由于企业规模小，使得在谈判、交涉、协商过程中往往处于劣势，导致解决纠纷的过程很不理想。在无形之中，也让侵权者风险降低，助长侵权行为的发生。

要更好地解决新闻作品侵权问题，可以采取多元化的纠纷解决方式，例如充分发挥“版权联盟”在解决新闻作品侵权中的影响。从《新京报》《楚天都市报》等传统媒体的维权行动不难发现，单独的维权行动不仅成本高，也难以取得实质性的进展，因此需要传统媒体联合起来，组成传统媒体版权联盟，以集体的力量，共同维护版权。其实早在2005年，《中国都市报》研究会总编辑会发布了旨在保护报纸版权的《南京宣言》。次年，由《解放日报》报业集团发起，与其他38家报业集团联合成立了报业“内容联盟”，但囿于“囚徒困境”的制约，宣言和联盟并没有实质性的行动，名存实亡，传统媒体依旧各自为政，单独作战。然而与国内相反的是，国外媒体版权联盟却取得了不错的成效。例如，英国8家最大的报业集团共同组建了报纸授权管理局(the Newspaper Licensing Authority)，该报纸授权管理局在报纸版权维权中取得了不错的成绩，其中最为典型的案例是新闻聚合商Meltwater公司非法使用报纸内容败诉案。

有鉴于此，我国的媒体版权联盟应在总结国内教训和借鉴国外成功的基础上，积极组建传统媒体版权联盟，以发挥集体力量的优势，维护传统媒体版权。对于该媒体版权联盟，其主要设立的目的就是为了保护传统媒体版权，维护传统媒体的版权利益。此外，联盟可以降低传统媒体维权成本，增强传统媒体与新媒体关于版权转让、售卖等集体谈判的议价能力。同时可以以联盟身份向行政管理部门和司法、立法部门反映传统媒体的正当版权诉求等。还可以在联盟的基础上发展和壮大其他相关组织，以巩固、发展媒体版权联盟。一方面，对于中小报刊媒体来说，其可以借助于联盟来维护其权益；另一方面，随着版权联盟的介入，对于解决纠纷也会更加高效。

除此之外，充分发挥著作权集体管理组织对于保护媒体著作权的作用。著作权集体管理组织作为“非盈利性组织”，具有社会团体法人的性质，我国著作权法有着明确的规定。然而现实的情况是，其虽是“非盈利性组织”，却从事盈利的活动，并且在实践中带有浓重的行政管理色彩。对于这种法律规定与现实运行的偏差，使其在实践中暴露出对于版权保护的欠缺，更别说是媒体版权的保护。为此，当务之急，是要再次明确其角色定位，去行政化，真正代表著作权人的利益。例如，就目前传统媒体面临的非法转载问题，应由集体管理组织文字著作权协会出面，与相关行业协会共同协商制定新媒体转载版权规范，在著作权法允许的范围内，协商更加合理的转载付费标准来保护传统媒体的权益。

7.4.3 媒体融合下权利主体应加强自身著作权保护

7.4.3.1 媒体自身应增强对新闻作品的保护

在媒体还未形成产业之前，我国的新闻媒体主要是靠国家拨款得以生存，这样的情形所导致的结果是，新闻媒体缺乏对于新闻作品的保护观念，那时的新闻媒体一般没有所谓的作品版权一说，大部分媒体都认为：其他媒体传播我们的作品是对我们媒体影响力的提升。例如，如果一家地方晚报，其一篇文章被《人民日报》转载，这对其影响力将是巨大的。然而，此种观念难以应对传媒产业快速的发展。由于上述观念根深蒂固，使得一些传统媒体保护自身新闻作品的意识不强，保护措施也不得力。

新闻媒体自身应增强对其新闻作品的保护，具体而言，有以下几个方面：一是增强自身新闻作品的保护意识，通过法律培训、举办讲座等形式来加强记者、编辑的著作权保护意识。二是采取有效措施保护新闻作品，如为了防止自身作品被肆意非法转载，传统媒体应采取一定技术措施来保护其新闻作品。比如，传统媒体如果将其新闻作品上传到其网站上去的同时，可将部分新闻作品针对不同读者设置不同权限。三是传统媒体应该及时关注新兴媒体新的发展方向，积极争取与新兴媒体通过“事前协议”的方式进行合作，而不是等到侵权后才来与其签订授权。签订“事前协议”的优点在于一方增加了利益，同时对于自身的发展也有着重大的推动作用。因此，传统媒体通过及时关注新兴媒体的发展方向，不仅是其减少与新兴媒体纠纷的重要举措，更是未来传统媒体新的利益增长点。四是强化新闻作品版权的技术保护。媒体融合是基于新的传播技术兴起的，对于新闻作品的版权保护可以借鉴学者提出的：“诸如利用 DOI(数字对象识别系统)在一个数字化对象产生时或产生前，为其提供唯一持久的标识符，并跟踪、记录该数字化对象的流通，既能保证新闻产品的完整，又便于检索，还能防止数据盗版。”这不失为一个有效的措施。

7.4.3.2　传统媒体应当加强自身的版权资产管理

传统媒体缺乏有效的著作权的保护原因之一，在于很大程度上未对其自身的版权资产进行有效的管理。而在媒体融合的大背景下，媒体的版权资产将变得更加容易流失及被侵害。为此，传统媒体应加强版权资产的管理。

首先，尽快清查和评估自身现有的版权资产。例如对于报社来说，清查哪些新闻作品是属于职务作品，哪些不属于职务作品等，做到对自身版权资产心中有数。对之前和现有的版权产品进行作价估值，为运营该版权产品做铺垫。当然，在评估过程中应当注意区分不同的评估标准，不同的版权产品采用不同的标准，如电影、电视产品相较于报刊时效性没那么强，在评估时注意有所区分。

其次，建立健全资产管理机制。传统媒体应当建立健全版权的资产管理部门，从而完善版权资产管理的组织保障。当然除了有组织保障外，还应当规范制度保障，如在《著作权法》允许的范围内，传统媒体内部制定相关保护版权资产的管理办法。当然还可以借助于顺应科学技术的发展趋势，建立版权资产管理系统，以适应媒体融合的趋势。

最后，传统媒体应当建立快速有效的授权机制。加强版权资产管理的目的，并不是说将这些版权资源束之高阁，而是为了让这些资产能够为传统媒体带来收益，提升传统媒体在媒体融合时代的核心竞争力，这对处于作品全版权运营的时代显得尤为重要。因此传统媒体应当建立快速有效的授权机制，例如有人提出："可以将版权所有权交由著作权集体管理组织统一管理；或以某一年为界限，之前的版权资源交给著作权集体管理组织，之后的版权资源自己经营管理。"这不失为一个较好的机制。

总之，加强版权资产管理是为了更有效地运营与维护版权资产管理，其目的不仅是为了盘活存量、开发增量，更重要的是打造传统媒体在媒体融合时代的核心竞争力。

7.4.3.3　自媒体著作权保护的预防机制建设

自媒体信息传播具有速度快、范围广、隐秘性强等特点，然而这些特点也为侵权行为的认定以及审理带来了困难。应当完善自媒体著作权保护预防机制建设。

首先，完善用户实名登记制度。尽管这种提议已在制度中得到回应，然而，在实践中实名制的运行却与制度的规范存在差距。为此，应当加强自媒体平台的监管，自媒体平台应当严格执行实名制度。除此之外，还应当在技术上进行完善，比如如果没有进行实名认证，自媒体平台应当在技术上进行识别，阻止用户申请账号的行为。

其次,通过完善自媒体平台的功能来预防侵权行为的发生。例如,可以在自媒体平台中开发一种检测系统,对每个原创作品进行重复率检测。凡重复率达到一定上限,其将不予发布,当然如果不属于著作权法保护的作品以及获得作者授权的除外,通过该技术措施来规范自媒体人发布信息的行为。事前预防的措施,其目的都是为了最终在发生侵权时,能够为寻找侵权人、责任人等奠定可行性基础。当然,事前预防措施的建立,也会在一定程度上约束自媒体人的行为,起到预防侵权的效果。

7.4.3.4 完善自媒体侵权证据收集制度

对于在自媒体环境中,就证据的收集来说较为困难。因此,有必要完善自媒体侵权证据的收集制度。具体而言,在权利人收集证据难以进行时,法院可以代为收集在自媒体网络环境中的证据。当然,自媒体平台也要积极提供侵权的证据。需要注意的是,自媒体平台一般使用的主体大多为个人,而且自媒体平台涉及较多的个人隐私,因此,法院应当要注意保护当事人的隐私。

7.4.3.5 传统媒体应加快与新媒体的融合

媒体融合的大背景下,传统媒体要发展,媒体融合是最佳出路。这是因为,信息传播技术的发展,新媒体的出现,在不断打破传统媒体的信息采集和功能。诚如电报与印刷术进行融合产生出了现代报纸的新形式一样,新媒体与传统媒体的融合,也会产生一种新的传播形态,对于传统媒体的发展起着重要的影响。如果传统媒体没有抓住这一媒体融合机遇,将会与电报境遇一样,前景堪忧。

因此,传统媒体要想避免电报的覆辙,融合之路才是其著作权保护的最佳之路。为此,传统媒体应当在媒体融合上积极作为,寻求媒体融合发展之道,争取在融合之路中,提高自身作品的传播速度、范围,最终摆脱自身发展的困境、增加收益。

互联网时代的来临,催生了网络媒体等新兴媒体的诞生,新兴媒体迅速扩张,媒体间日益融合,媒体竞争愈演愈烈,侵权也相伴而生。媒体融合下,基于旧的传播模式的著作权法律制度尽管进行了一些调整,但是仍然难以应对新的传播模式给著作权制度带来的挑战。因此,完善媒体融合下著作权制度是当前新闻媒体产业迫切需要解决的问题。

著作权是媒体发展的重要保障。媒体融合下,完善著作权制度对策为:一是完善我国著作权的相关立法,例如完善新闻著作权的相关立法、完善著作权的限制制度的相关立法；二是通过加强新闻媒体自身的法律意识，以及完善新闻作品纠纷解决机制的多元化，来加大新闻作品的保护力度；三是媒体融合下传统媒体应当注重加强自我版权的保护意识；四是完善对于自媒体著作权的保护，如完善对自媒体的技术保护措施、加强对自媒体服务商的监管，以及适当加大对自媒体作品侵权惩罚的力度；五是加快推动新旧媒体融合发展。

信息传播技术的发展历史就是一部媒体发展的变迁史，正如电报与印刷技术融合，产生出了现代报纸的新形式一样。传统媒体与新兴媒体的融合，也给媒体带来了巨大的变革，不仅扩展了作品的传播方式，也改变了受众获取信息的习惯。媒体融合下，人人皆是媒体人，既是传播者又是新闻信息的制造者。然而，媒体人不管从事什么角色，都要尊重自己的角色定位。作为信息作品的生产者，多多生产出优质内容；作为信息作品的传播者，要尊重和维护版权人的权利；作为信息作品的消费者，需要为作品的消费买单。总之，通过完善著作权法律制度，以及媒体自身加强版权意识，最终实现媒体融合的良性发展，实现社会利益与产业利益的双赢。

第8章　大数据时代媒体融合的困境、模式与路径

8.1　大数据时代媒体融合的困境

媒体融合是逻辑、历史与现实的必然选择，是内因与外因共同作用的必然结果。虽然当前传统媒体与新媒体融合之势高涨，但从媒体融合的现状、效果以及前景看，两者在价值、文化、体制等方面还存在明显的对立和矛盾，从而给媒体融合带来一定的困境制约。

8.1.1　社会责任与利益至上

在媒体价值方面，传统媒体与新媒体秉承完全不同的价值追求。传统媒体多数是“事业单位”，其一部分资金来源于各级政府，在行政上隶属于各级政府，其媒体价值定位主要是弘扬社会主义核心价值观，社会责任在传统媒体的价值追求中占据核心位置。传统媒体因而不屑于做“短平快”“标题党”。而新媒体则不同，新媒体多为市场化的私有企业，是独立个体，其媒体价值定位是追求利益最大化，新媒体虽然也承担一定社会责任，但在其价值追求中不占据核心位置，利益至上才更重要。为了追求利益最大化，一些新媒体往往不惜违背新闻伦理，而且比较常见。曾经轰动一时的“快播事件”就是一个例子。社会责任与利益至上的价值追求差异，成为传统媒体与新媒体融合的首要困境制约。

8.1.2　体制内与市场化

国内传媒“事业单位、企业管理”的产业属性定位，虽然曾经释放过生产力，但是发展至今已成为阻碍融合发展的“瓶颈”。随着发展进程加速，市场化的要求越来越高，传媒业的市场主体地位一直未确立，较低的资源配置效率，严重影响了传媒产业的融合进程。郭全中认为：“真正的媒体融合应采取完全和市场对接的方式，彻底改革和完善现有的旧体制，向互联网媒体看齐。”但传统媒体转型为市场化

的新型媒体集团的道路还很漫长，这就不得不面对传统媒体与新媒体融合发展各自“体内循环”的困境。正如李亚彬所言，媒体融合主要还在传统媒体内部妊娠发育，还处在“体内循环”阶段，没有“扬帆出海”。因此，体制内与市场化之间的壁垒必然给媒体融合带来体制性障碍。

8.1.3　内容优势与平台优势

传统媒体有内容优势，新媒体有平台优势，这几乎是业界与学界的共识。传统媒体与新媒体因上述优势本可以完美互补，但这两种优势是完全不对等的，这为双方融合发展带来一些潜在矛盾和障碍。传统媒体内容优势源于专业的人才储备和扎实的采编过程，一篇优质的新闻文字、图片或视频稿件，需要付出一定的人力、物力、财力。但新媒体可以轻而易举地使用传统媒体的这些优质内容，而传统媒体却无法获得等价回报，这无疑使传统媒体的内容大大贬值。与此同时，新媒体还在迅速抢夺传统媒体的广告市场，破坏了传统媒体的可持续发展。另一方面，对于新媒体所拥有的技术优势，传统媒体只能有限制地借用，就像微博公众号一样，但往往受制于人，传播效果也有限。因此，发展的天平倾向了新媒体。这是媒体融合的又一障碍和困境。维护新闻作品版权是使传统媒体内容优势与新媒体平台优势对等的必要举措。

8.2　大数据时代媒体融合的模式

媒体融合是大势所趋。传统媒体与新媒体如何融合，有哪些模式，已经成为未来指引媒体融合的重要课题。虽然一些国内外学者已经做出了初步研究，但是相关研究还不充分，主要是未能贴近当下媒体融合日新月异的现实。

美国西北大学戈登教授指出了所有权融合、策略融合、结构融合、信息采集融合、新闻表达融合 5 种“融合媒介”的模式。美国新闻学会媒介研究中心主任 Andrew Nachison 将“媒介融合”定义为：“印刷的、音频的、视频的、互动性数字媒体组织之间的战略的、操作的、文化的联盟。”也间接给出了融合的几个模式。Dailey 等归纳出交互推广、克隆、竞合、内容分享、融合 5 种由浅到深的模式。国内学者党东耀教授提出了“传受融合”，认为从媒介融合的样态上看，从传者和传者之间的融合、受者与受者之间的融合，走向传者与受者之间的融合，是媒介融合的必然发展趋势。这实质上是传统媒体和不断发展的新媒体形式的融合，是大众传播和人际传播从“面”到“点”的融合。传受双方共同参与信息的打造，实现议程的融合和信息的融合。因此，传受融合是媒介融合模式的最终追求，是媒介融合的本质内涵。这实际上是从传播的主客体的角度提出的，观点很新颖，但是不能为媒体融合的路径提供参考。在吸收借鉴上述研究的基础上，当前对媒体最具实践意义的融合为所有权融合、战略联盟、机构融合与技术融合4种模式。

8.2.1 所有权融合

所有权融合是指，实现不同类型之间新闻资源与内容共享。这是一种机构与机构之间的资源整合或重组，是一种组织层面的融合。发达国家的所有权融合主要通过并购等资本运营方式实现，这种融合模式往往跨媒介或跨行业，资本在其中起着决定性作用。2016年10月22日，美国电信运营商美国电话电报公司(AT & T)宣布，将以854亿美元的价格收购美国娱乐传媒巨擘时代华纳公司，就是一起跨行业的所有权融合。这种融合模式的优势是融合快、目的性强，可以快速形成新闻资源与内容共享的顶层设计。缺点是两个机构之间的公司文化不同，给融合带来一定困难。这种模式在发达国家发生比较频繁，在我国发生频次较低，主要是因为条块分割的管理体制的阻隔。国内有学者认为，这种收购、并购式的融合不是真正意义上的融合，确切说是一种“反融合”。这种观点有一定道理，可以看作是融合的极端案例。所有权融合作为组织间层面融合的重要方式，具有重要的理论意义和实践价值。

8.2.2 战略联盟

战略联盟是指两个或多个企业保持独立的同时合作经营某些业务。这也是一种组织层面的融合模式，与所有权融合相比，战略联盟仅仅是就某个项目、某个内容等机构的一部分新闻资源进行共享与合作。这种融合模式往往有一定融合前提，即两个机构之间必须是优势互补、各有所需。这种融合模式目前应用比较广泛，也易于操作。比如，2014年4月，上海报业集团、北京青年报等52家报社与阿里巴巴签约合作意向书，加入“码上淘”业务的试水行列中。

喻国明教授将这种融合模式归纳为“传统媒体＋电商”模式。这种融合模式的优势是短平快，易于操作，易见成效；劣势是融合深度不足。

8.2.3 机构融合

机构融合类似于戈登的结构融合，是媒体内部的一种融合模式。机构融合重在适应融合新闻生产需要而进行的组织架构调整以及工作流程再造，主要目的是优化组织结构和工作流程。《芝加哥论坛报》马克·勒比扬说：《芝加哥论坛报》在机构设置上进行了几个革新后，网站、社交媒体等平台已经全部归属于新闻中心。

“一体化”的运作模式，是一个趋势。又如，BBC 将原来各自独立的广播、电视和网络新闻部搬入一起办公，共享资源，形成一个跨平台的多媒体新闻中心，将融合理念贯穿于新闻生产、传播和反馈过程中。机构内部的融合是一个持续的动态过程，往往是在外力作用下进行的自我革新。这种模式比较常见。为应对新媒体的冲击，我国大部分传统媒体不同程度进行了机构融合。

8.2.4　技术融合

传媒业是一种技术驱动的产业，技术融合是媒体融合的重要融合模式。陈映认为，技术层面的融合主要体现在生产融合（production convergence）、网络融合（networks convergence）以及终端融合（devices convergence）3 个层面。栾庆明、陈一雷认为，技术融合主要包括传播手段融合和媒介形态融合。这两种观点是从不同角度来划分的，各有可取之处。综合上述两种观点，当下及今后传媒领域的技术融合主要是媒介形态融合、传播手段融合和生产融合，这 3 个方面基本上涵盖了技术融合模式的绝大部分范畴。

媒介形态融合是在原有形态上融合成新的媒介形态，传播手段融合是多手段、多平台的集成化运用，生产融合是包括生产内容、采编方式的融合。技术融合贯穿于媒体发展始终和新闻生产全部环节。

8.3　大数据时代媒体融合的路径

第 2 章第 3 节辨析了媒体融合的主体，其结论是：在媒介融合的语境下，新媒体在融合中更具主动性，这种主动性的背后是新技术的强大推动力；在媒体融合的语境下，传统媒体在融合中更具主动性，这种主动性的背后是国家意志的强大推动力。因此，本节关于“大数据时代媒体融合的路径”探索，主要是站在传统媒体的角度，研究媒体融合的出路。

确保新闻生产要素的自由流动，是媒体融合顺利进行的重要保障。新媒体多处于市场化环境之中，媒体业中资金、人才、资源的流动完全遵循市场规则，有利于与传统媒体交叉融合。而传统媒体多处于“体制内”，一些体制机制性障碍一定程度上阻碍了媒体融合。李亚彬认为：“当前，传统媒体和新兴媒体融合发展正处于‘窗口期’，上有所期、下有所盼，外有压力、内有动力。”新媒体的迅速发展对于传统媒体来说，既是挑战又是机遇，既有不利因素，又有有利因素。传统媒体应顺应大势所趋，加强顶层设计，解除体制束缚，优化资源配置，再造采编流程，补齐技术短板，深入推进媒体融合发展，不断解放和发展新闻生产力，闯出一片新天地。

8.3.1 扫除体制障碍,建立新型媒体集团

体制机制性障碍是横亘在传统媒体与新媒体融合道路上的最大障碍,扫除体制机制障碍必须通过市场化的手段,可扶持建立一批新型媒体集团。“企业媒体化”与“媒体企业化”是当下互联网带来的传媒生态变革的两大基本趋势。传统媒体向新媒体看齐,必须最大限度地摆脱现有体制机制束缚,充分与市场对接。戴元初认为:“一些具备条件的媒体机构尝试探索跨领域、跨行业、跨媒体的融合发展,通过横向和纵向整合产业资源,加长加宽产业链,构建渗透到社会生产生活各个领域的传媒产业价值网,继而发育成具有核心竞争力的大型传媒集团。”而喻国明认为:“媒介经济既是规模经济又是范围经济,前者表现在同一家媒介的产品要具备规模,而范围经济则表现在媒介集团中,一个媒介集团不能只依靠一个媒介打天下,必须走多种媒介的联合经营。”整体上,大型传媒集团要坚持走市场化道路,坚持多种媒介联合经营,必要的情况下还可适当加强产业的垂直整合和横向融合,即向产业前、后两端整合的同时,适当向产业周边蔓延,不断加长加宽价值链,增强资源占有量和利用率。

8.3.2 强化互联网思维,全面深化技术融合

近几年来,中国网民规模增长迅速,中国整体网民和移动网民增速虽然放缓,但是增长趋势依然明显。如今的中国网民基数已经非常庞大,即便增速放缓,未来几年,每年也至少增长上千万。在互联网网民规模如此之大以及还在继续扩大的大背景下,媒体特别是传统媒体强化互联网思维,按互联网规律办事就变得日益重要和紧迫。

“互联网思维”即开放、平等、协作、分享。传统媒体也好,新媒体也好,都已经嵌入或融入互联网,按照互联网思维,全面深化技术融合,对于传统媒体来讲,就是以开放的精神,接纳、吸收新媒体甚至是整个世界的一切有利因素为我所用;以平等的姿态,放下身段,运用“接地气”的语言和“润物细无声”的方式加强舆论引导;以协作的方式,深化与新媒体的交流互鉴,通过渠道融合、平台融合等途径不断扩大报道影响力;按照分享的要求,主动参与、分享互联网经济。

8.3.3 增强数据能力,建立媒体大数据库

当前,媒体领域竞争异常惨烈,而互联网传媒市场,短短几年就从“蓝海”转为“红海”。而大数据是新兴技术,在传统媒体中开发并广泛运用大数据技术,可以使传统媒体在与新媒体的激烈竞争中实现“弯道超车”,进而从“红海”转回“蓝海”。

正如北大方正电子有限公司副总裁史建华所言，在媒体 4.0 时代，用户的需求是第一位的，基于用户的大数据分析将左右一家媒体的存亡。新闻的未来，是分析数据；媒体的未来，是数据能力。所谓数据能力，就是媒体所拥有的内容数据、用户数据、平台数据等以及使用这些数据创新产品与服务的能力，基于大数据的媒体融合是传统媒体转型的关键。2014 年 3 月，光明网与微软基于云计算的操作系统 Windows Azure 开展合作，共同打造中国首个“媒体云”平台，就是一个有益的尝试。

中国工程院院士邬贺铨认为：“大数据是新一代信息技术的集中反映，是一个应用驱动性很强的服务领域，是具有无穷潜力的新兴产业领域。”中国科学院王元卓副研究员预测，在网络数据的驱动下，行业模式的革新可能催生出数据材料、数据制造、数据能源、数据制药等一系列战略性新兴产业。

为此，对于媒体来说，增强数据分析能力，建立媒体大数据库，主要做好 5 件事：一是做好数据经营。进入大数据时代，数据已成为重要资产。媒体数据具有很强的专业性，同样必将成为数据产业。二是做好精准服务。媒体融合 4.0 时代，用户是核心。在信息泛滥的舆论环境中，可通过大数据分析，掌握用户的阅读习惯和各类喜好，进行精准服务，同时实现精准营销。三是做好数据新闻。大数据通过全体样本分析事物背后的相关关系，可以分析出很多有知、有趣、有用、有说服力的数据新闻，这样的新闻既可增强用户黏性，又可提升报道影响力。四是做好预测性报道。大数据技术最为重要的意义在于预测未来。通过分析海量数据，大数据技术可以找到具有规律性的相关关系，从而预测未来。做好高准确率的预测性报道，无疑会受到用户欢迎。五是把握发稿时机。通过对所有用户的阅读习惯、阅读喜好进行记录、计算、分析，从而掌握什么稿件，在什么时机发送，最能受到用户关注，从而取得最佳传播效果。

8.3.4　促进有序融合，维护新闻作品版权

互联网上新闻作品侵犯版权现象几乎每天发生，其中不乏一些知名企业和互联网巨头，这已经成为影响和制约传媒业健康发展、媒体间有序融合的顽疾和障碍。新华社社长蔡名照在“第八届中国版权年会——保护新闻作品版权论坛”上说，“各种侵犯新闻作品版权行为层出不穷，从私自转载转引、不署作品来源，到对原文改头换面、拼凑嫁接、断章取义等，这些问题已成顽疾。”新闻作品侵犯版权现象，违反了《中华人民共和国著作权法》《著作权集体管理条例》等多部法律法规，并直接导致了传统媒体的内容优势与新媒体的平台优势价值不对等，发展的平衡开始倾向新媒体，扰乱了媒体健康发展的生态。为此，需要从制度机制上，加大立法

力度，加强顶层设计，增强违法打击力度和版权保护力度，促进媒体业健康有序发展，为媒体融合提供良好的生态环境。

人类通过数据分析世界、解释世界、创造世界。数据既是人类认识世界的中介和桥梁，也是人类文明进步的标志。人类社会步入大数据时代，看似仅是数据累积到一定规模，实则是以数字技术、互联网技术为核心的科学技术发展的必然结果。各种记录设备、网络终端设备的发明和使用，超级计算机计算速度不断取得突破，互联网、物联网技术的迅速发展和普及等，使各种数据数量呈几何级数增长，也使大规模数据的生产、存储、传输、计算成为可能。

量变引起质变。进入大数据时代，虽然大数据依然还是数据，本质没有变化，与数据同属于人抽象出来的非物质的概念。但规模与结构上的变化引起功能上的变化，大数据通过"全体样本"分析"相关关系"预测未来，摇身一变而成为数据资产，引发了思维革命、管理革命、商业革命和科学研究革命。规模大、类型多、处理速度快、价值密度低的"4V"特征成为对大数据的统一共识。

身处大数据时代，媒体领域也受到重大影响和冲击，媒体格局和舆论生态发生深刻调整、重大变化。"以数字技术为基础，以网络为载体"的新媒体迅猛发展，体现出强大的生命力，严重削减了传统媒体的传播力和影响力。在此背景下，2014年8月，中央"深改组"第四次全体会议，将媒体融合提升为国家战略，"媒体融合"因而再度成为研究热词。

但媒体融合概念起源于20世纪70年代的西方，为西方舶来词汇，由英文"media convergence"翻译而来。一种公认的说法，2004—2005年，由中国人民大学蔡雯研究员最早引入中国。引进之初，学者和业界多使用"媒介融合"。从"媒介融合"到"媒体融合"的认知演进，既反映了其本身的发展进程，也反映了学者对这一概念认识的深化过程。

"媒介融合"与"媒体融合"在概念上存在一定差别，两者兼具载体、渠道、介质、技术融合与机构融合两层释义，但媒介融合侧重于前一层释义，媒体融合侧重于后一层释义。

研究媒体融合，一个问题无法回避，即媒体融合的主体是谁？学界和业界仁者见仁、智者见智，尚未达成共识。有3个观点：其一，互联网只是媒体融合的技术前提和重要背景，不能成为媒体融合的主体。其二，传统媒体和新媒体均是媒体融合的主体，因为单向融合不可能实现真正的融合，只有两者的交流互动才能共同推动媒体融合的实现。其三，在媒介融合的语境下，新媒体在融合中更具主动性，这种主动性的背后是新技术的强大推动力；在媒体融合的语境下，传统媒体在融合中更具主动性，这种主动性的背后是国家意志的强大推动力。

传统媒体与新媒体是一组相对的概念，当下的传统媒体过去也曾经是新媒体，现在的新媒体随着新的传播技术的涌现迟早变成旧媒体或传统媒体，背后推动媒体否定之否定发展的重要力量，是基于人们需求的技术创新。两者在传播内容、生产方式、传播方式、受众群体、传播效果等方面差异性很大，但传统媒体与新媒体并不是相互排斥、此消彼长的关系，而是优势互补、融合发展的关系。

大数据时代，传统媒体与新媒体走向融合，是逻辑演绎、历史演进和现实选择的必然结果。关于传统媒体与新媒体何去何从？学界与业界人士观点不一，“影响论”“两分论”“消亡论”“融合论”等论断百家争鸣。但无论有多少种论断，“融合论”与“消亡论”都是最具代表性和最为根本性的两种论断。传统媒体与新媒体作为以技术新旧来区分界定的两种传播方式，他们之间的确存在激烈的竞争关系，这里面有社会需求的因素，也有资本的驱动在发挥作用，但是他们之间是竞争关系，不是完全取代的关系，更多是扬弃的关系。传统媒体与新媒体在竞争发展中，优势互补，相互借鉴，共融共生。历史昭示未来。理清媒体融合的历史演进，有助于明晰事物发展的趋势与方向。在报纸产生以前，没有大众传播和现代意义上的媒体，因而没有媒体融合，只有媒介融合。比如，“击鼓”“鸣金”是媒介符号与声波的融合，符号与声波均属媒介。真正意义上的媒体融合，是从大众传播时代开始的。机械印刷技术带来图书、报纸以及杂志的诞生，开启了人类社会大众传播的新时代。这一时期早期的融合表现为技术融合。比如，印刷是材料技术与机器技术的融合。互联网对之前的任何一种传播媒介在功能上都是部分替代关系，互联网作为数字传播技术，打通了声、光、电，以及文字、图片、图表、动画、视频等之间的介质融合障碍。这一时期的融合既表现为技术融合，又表现为媒体融合。从媒介（媒体）融合的演进历史，可以看出，媒体（媒介）与传播技术或者媒体（媒介）之间的叠加、融合，是媒体（媒介）与传播技术发展进步的一种存在形式，媒体融合是历史演进的必然选择。

传统媒体与新兴媒体走向融合，是困境突破的必由之路。传统媒体与新兴媒体各有优劣、优势互补，但是同时两者均存在制约瓶颈和发展短板。传统媒体长期秉承“内容为王”的理念，产品内容虽然优质，但缺少好的传播平台与渠道，面临优质内容传不出去的困境；虽然有稳定的受众群体，但姿态略高，不接地气，对年轻人缺乏吸引力；经营理念和经营模式落后，广告收入锐减。新兴媒体虽然生命力旺盛，但也面临一定瓶颈制约，主要是产品内容劣势较大，缺乏优质原创内容；片面追求“短平快”，侵犯版权问题严重；同质化竞争惨烈，平均存活周期短，淘汰率高。传统媒体与新兴媒体优势互补，媒体融合是他们突破各自困境的现实选择。

大数据因“预测未来”而引发思维革命、管理革命和商业革命。大数据已成为驱动媒体融合的核心技术之一，其驱动力主要表现为加速资源整合、淡化产业边界和提供技术支撑。如今个性化、细分化、碎片化、交互性等已成为媒体发展的重要趋向，而大数据是实现这一趋向的必要因素。在媒体行业领域对大数据竞相追逐的情况下，人力、物力、财力等资源伴随媒体公司战略调整而出现重新整合。大数据正在或必将向各个行业领域延伸，并渗透到每一个领域的每一个毛孔之中，清晰地把不同行业、不同领域连接了起来。同时也使媒体之间的关联性和互换性越来越强，你中有我、我中有你，标志着媒体融合发展的大趋势。为媒体融合提供技术支撑是大数据对媒体领域最为直接的影响，诸如数据战略、数据分析、数据新闻、精准推送等已被媒体特别是新媒体广泛应用，加强预测性、实现精确化、找好关联性或是下一步大数据在媒体领域应用的趋势。

基于上述分析，进入大数据时代，传统媒体与新媒体融合发展完全必要、可行。事实上，"两微一端"(指微博、微信及新闻客户端)早已成为传统媒体推进融合发展的重要实践探索，完成了由"借船出海"到"造船出海"的转变。但从"有形融合"到"无形融合"是未来发展的趋向，媒体在"无形"融合上仍有待深入。推动媒体融合向纵深发展，需要找准困境制约、理清既往模式，进而设置理性的发展路径。

传统媒体与新媒体虽已呈现融合之势，但两者在价值、文化、体制等方面还存在明显的对立和矛盾。在媒体价值方面，传统媒体多数是"事业单位"，其媒体价值定位是弘扬社会主义核心价值观，社会责任在价值追求中占据核心位置。而新媒体多为市场化的私有企业，其媒体价值定位是追求利益最大化。在文化方面，传统主流媒体呈现的是"庙堂文化""精英文化"，服务国家利益，新媒体则呈现的是"江湖文化""草根文化"，注重用户体验。在体制机制方面，传统媒体多属"体制内"，资源配置效率低，新媒体多为"市场化"，资源配置效率高。此外，传统媒体具有内容优势，新媒体具有平台优势，但传统媒体的内容优势与新媒体的平台优势完全不对等，传统媒体支付了高昂的采编成本而获得的优质内容，轻而易举就可以被新媒体免费转载使用。

在媒体融合模式上，美国西北大学戈登教授提出了 5 种"媒介融合"模式，美国新闻学会媒介研究中心主任 Andrew Nachison 提出了"融合媒介"的概念，国内学者党东耀教授提出了"传受融合"。但从当前媒体融合的实践来看，所有权融合、战略联盟、机构融合与技术融合 4 种模式借鉴意义更大一些。

媒体融合是站在传统媒体发展的角度制定的，在融合发展的路径选择上，可从 4 个方面予以考虑。一是建立新型媒体集团。"企业媒体化"与"媒体企业化"是当下互联网带来的传媒生态变革的两大基本趋势。建立新型媒体集团这一市场道路，可打通传统媒体与新媒体之间融合的体制壁垒。二是全方位加强技术融合。

技术在媒体领域中的支撑性作用无可取代，传统媒体也好，新媒体也好，都已经嵌入或融入互联网，要按照互联网思维，全方位加强技术融合。三是建立媒体大数据库。数据已成资产，对于媒体领域更显重要。传统媒体建立大数据库，主要做好数据经营、数据预测、数据新闻、精准服务等工作。四是维护新闻作品版权。加大立法力度和版权打击力度，为促进媒体健康有序发展提供良好的生态环境。

展望大数据的未来发展，其变革性影响可能会超出我们的想象。当信息采集终端进一步增多，全世界每时每刻、每个地方的几乎所有事件都将“录入”数据系统，当数据规模进一步激增，在现有基础上实现量变到质变的 N 次转变，当存储、计算能力进一步提升，即使处理超大数据也游刃有余，到那时，大数据“预测未来”的功能或许才能真正实现，才能对所有领域产生更为深刻的变革性影响。但个人隐私问题，以及进一步激增的数据信息给人类心灵带来的影响等问题或许更为突出。

新媒体的未来在于个体间的参与、合作、互动的能力。展望媒体未来的发展，其对数字技术、互联网技术、大数据技术、云计算技术等方面的技术创新将越来越依赖，技术对媒体发展的支撑性作用越来越重要，在技术的支撑下，媒体个性化、细分化、碎片化、即时性、交互性的倾向将越来越明显。在信息数量进一步激增的情况下，读者对内容质量的要求也越来越高，个性化需求越来越高。传播技术的不断创新，可能产生新的内容形式，产生新媒体。

未来，在技术创新的激发、引领下，传统媒体与新媒体交流、互动将不断增强，“你中有我、我中有你”将会成为常态，并向“你就是我、我就是你”融合，它们之间的边界将会越来越模糊。传统媒体通过迭代升级完全可以蜕变为新媒体。时移世易，新媒体也可能转化为传统媒体。传统媒体与新媒体的叠加、转换、融合，共同推动媒体向更高层次推进。或许未来可以实现类似“大同世界”的“大同媒介”，在这一世界中，传统媒体与新媒体殊途同归，汇入同一个巨大的数字化媒介平台，从而实现信息的共享、分发、传送……

参考文献

[1] 鲍立泉. 技术视野下媒介融合的历史与未来[M]. 武汉:华中科技大学出版社,2013:17.

[2] 布鲁斯·斯特林. 死媒体项目:一项谨慎的建议和公众的请求(The Dead Media Project:A Model Proposal and a Public Appeal)[EB/OL]. http://www.deadmedia.org/modest-proposal.html.

[3] 蔡雯,王学文. 角度·视野·轨迹——试析有关"媒介融合"的研究[J]. 传媒研究,2009,11:87-91.

[4] 蔡雯. 新闻传播的变化融合了什么——从美国新闻传播的变化谈起[J]. 中国记者,2005(9):74-76.

[5] 曹继东. 传统媒体与新媒体的融合路径探析[J]. 出版广角,2014(11):15.

[6] 曹新明. 论《中华人民共和国著作权法》第5条第2项之修改[J]. 法商研究,2012(4):17.

[7] 陈喬世洋. 技术变革:媒体融合的前提[J]. 现代交际,2016(8):91-92.

[8] 陈恒才,冷启迪,吴娟. "大数据"时代传统媒体如何转型?[N]. 中山日报,2014-7-29(A03).

[9] 陈慧慧. "三网融合"下的广播电视新闻内容生产研究[D]. 武汉:华中科技大学,2012.

[10] 陈婧. 为内容付费的春天[J]. IT经理世界,2017(19):64-68.

[11] 陈先达,杨耕. 马克思主义哲学原理[M]. 北京:中国人民大学出版社,2004:154.

[12] 陈燕. 超越时空——媒介科技史论[M]. 保定:河北大学出版社,2002:234, 272.

[13] 陈映. 媒介融合概念的解析与层次[J]. 北京邮电大学学报(社会科学版),2014,16(1):1-7.

[14] 陈志兴. 新媒体时代媒体的著作权保护[J]. 新闻与写作,2015(4):13-16.

[15] 丛立先. 转载摘编法定许可制度的困境与出路[J]. 法学,2010(1):22-29.

[16] 崔保国. 中国传媒产业发展报告(2017)[M]. 北京:社会科学文献出版

社,2017.
[17] 崔春泽. 探析传统媒体生态变迁中的新闻客户端[J]. 出版广角,2016,4(下):25.
[18] 崔瀚文. 大数据:媒体融合发展的介质[J]. 新闻研究导刊,2014,5(16):15.
[19] 戴元初. 媒介进化视野中媒体融合的方向[J]. 青年记者,2015,4(下):74-75.
[20] 党东耀. 互联网进化路径与媒介融合模式的变迁[J]. 编辑之友,2015,11:76.
[21] 丁柏铨. 试析媒体融合中的三个关键性话题[J]. 新闻与写作,2015(1):55-57.
[22] (法)皮埃尔·杜尚哲,贝尔纳·加雷特. 战略联盟[M]. 李东红,译. 北京:中国人民大学出版社,2006:3.
[23] 范敏. 从"数据"到"大数据":对经济报道及媒体的几点"颠覆性"思考[J]. 新闻与写作,2013(11):30.
[24] 伏春兰. 试论期刊编辑主体意识[J]. 桂海论丛,2001(1):94-96.
[25] 高富平. 寻求数字时代的版权法生存法则[J]. 知识产权,2011(2):10-16.
[26] 高钢. 媒体融合:传播变革与社会进步的交叠演进[J]. 对外传播,2016(6):59-62.
[27] 高贵武,刘娟. "内容依旧为王":融合背景下的媒体发展之道[J]. 电视研究,2015(4):27-30.
[28] 郜书楷. 报业网站的生存悖论及其经济学分析[J]. 中国报业,2009(2):55.
[29] 观察者. 马云的"大数据":做淘宝不是卖货,而是为了获得数据[EB/OL]. [2015-12-02]. http://www.guancha.cn/economy/2014_12_02_302187.shtml.
[30] 管育鹰. 我国著作权法定许可制度的反思与重构[J]. 华东政法大学学报,2015(2):18-29.
[31] 郭全中. 媒体融合:现状、问题及策略[J]. 新闻记者,2015(3):30.
[32] 郭毅,于翠玲. 国外"媒介融合"概念及相关问题综述[J]. 现代出版,2013(1):16-21.
[33] 郝晋. 编辑主体意识的特征与作用[J]. 编辑学报,2001(S1):1-2.
[34] 何菊玲. 论编辑主体现代化[J]. 编辑学刊,2001(6):20-21.
[35] 和谐文化编辑组. 道德的力量[M]. 北京:人民出版社,2008.
[36] 贺子宸. 试析新媒体与传统媒体的差异性[J]. 山东社会科学,2014(12):158-159.

[37] 洪鼎芝. 信息时代:正在变革的世界[M]. 北京:世界知识出版社,2015.
[38] 胡恒芳. 新媒体离不开传统媒体这个母体[J]. 青年记者,2014(34):34.
[39] 胡瑞庭. 以自身媒体为核心主体积极科学融合新兴媒体[J]. 中国广播电视学刊,2015(2):15.
[40] 胡言会,石长顺. 新媒体时代电视消亡论与影响论探微[J]. 编辑之友,2014(8):47.
[41] 胡瑛,陈力峰. 从“内容为王”到“品牌为王”[J]. 青年记者,2008(35):74-75.
[42] 胡颖,周忱. 传统媒体与新媒体依存度分析[J]. 新闻传播,2007(5):4-7.
[43] 胡占凡,等. 互联网时代[M]. 北京:北京联合出版公司,2015.
[44] 黄升民,等. 内容银行[M]. 北京:清华大学出版社,2013.
[45] 黄天赐. 新闻已死[M]. 香港:中华书局(香港)有限公司,2013.
[46] 黄先蓉,刘玲武. 刍议媒体融合背景下传统媒体版权困境及保护路径[J]. 科技与出版,2015(12):63-68.
[47] 经济学人科技. 纸媒定位深度报道[EB/OL]. [2013-09-30]. http://people.techweb.com.cn/2013-09-30/1340008.shtml.
[48] 瞿真. 新闻作品版权研究[M]. 北京:知识产权出版社,2015.
[49] 匡文波. 到底什么是新媒体?[J]. 新闻与写作,2012(7):27.
[50] 李春林. 浅析新媒体对传统媒体的挑战[J]. 法治与社会,2014,12(下):199.
[51] 李辉. 数字时代出版编辑力的提升策略研究[D]. 湖南大学,2013.
[52] 李军. 大数据:从海量数据到精准[M]. 北京:清华大学出版社,2014:12.
[53] 李可亮. 数字新媒体时代下的图片编辑研究[D]. 西安:西安美术学院,2011.
[54] 李丽. 探讨电视专题类节目编辑的创新意识及编辑能力的提升[J]. 新闻传播,2015(12):73-74.
[55] 李文竹. 关于“报纸消亡”四种论说的再思考[J]. 2011,24(4):109.
[56] 李晓林. 技术为王,还是内容为王[J]. 新闻记者,2006(11):49-52.
[57] 李雪松,赵春卉. 浅析新闻编辑的素质与提升策略[J]. 新闻传播,2016(7):99,101.
[58] 李亚彬. 积极打造新型主流媒体不断提高舆论引导能力[J]. 重庆邮电大学学报,2016,3(2):3-5.
[59] 理财周报. App 淘汰率惊人,死亡是常态[EB/OL]. [2015-04-07]. http://news.ikanchai.com/2015/0407/15061.shtml.
[60] 梁琦. 新媒体时代报纸编辑创新研究[D]. 开封:河南大学,2012.

[61] 梁晓憧. 在信息泛滥的时代,人们仍然认为传统媒体更可信[EB/OL]. [2014-10-29]. http://www. jiemian. com/article/204643. html.
[62] 刘蓓蓓. 新媒体时代报纸编辑转型研究[D]. 北京:中央民族大学,2011.
[63] 刘红霞. 编辑主体意识对报纸质量的影响[J]. 新闻窗,2010(2):70-71.
[64] 刘华,黄金池. 大数据驱动出版业生态系统的机理及因应政策[J]. 出版发行研究,2016(5):28-31.
[65] 刘华坤. 数字编辑人才建设研究[D]. 北京印刷学院,2015.
[66] 刘结玲. 媒体融合研究新进展综述[J]. 中国传媒科技,2013(4):1-2.
[67] 刘娴庆. 编辑创新研究[D]. 武汉大学,2005.
[68] 刘颖悟,汪丽. 媒体融合的概念界定与内涵解析[J]. 传媒,2012(1):73-75.
[69] 卢海君. 著作权法中不受保护的"时事新闻"[J]. 政法论坛,2014,32(6):48-58.
[70] 陆兴华. 试论报纸编辑的主体意识[J]. 新闻实践,2003(2):64.
[71] 栾庆明,陈一雷. 国内媒介融合模式研究[J]. 青年记者,2011,1(中):70,75.
[72] 罗伯特·所罗门. 大问题[M]. 张卜天,译. 桂林:广西师范大学出版社,2011:142.
[73] 马化腾. 互联网时代+:国家战略行动路线图[M]. 北京:中信出版集团公司,2015.
[74] 马俊. 编辑出版技术手段现代化研究[D]. 西安:陕西师范大学,2011.
[75] (加)马歇尔·麦克卢汉. 理解媒介——论人的延伸[M]. 何道宽,译. 北京:商务印书馆,2000:34.
[76] 梅宁华,宋建武. 中国媒体融合发展报告[R]. 北京:社会科学文献出版社,2015:2.
[77] (美)艾因霍恩. 媒体、技术和版权:经济与法律的融合. 赵启彬,译. 北京:北京大学出版社,2012.
[78] (美)布雷斯·S. 布雷克斯. 编辑的艺术[M]. 北京:中国人民大学出版社,2010.
[79] (美)格罗斯. 编辑人的世界[M]. 齐若兰,译. 北京:中国工人出版社,2000.
[80] (美)亨利·詹金斯. 融合文化——新媒体和旧媒体的冲突地带[M]. 杜永明,译. 北京:商务印书馆,2012:44-45.
[81] (美)罗杰·菲德勒. 媒体形态变化:认识新媒体. 明安香,译. 北京:华夏出版社,2000.
[82] (美)桑斯坦. 信息乌托邦:众人如何生产知识[M]. 毕竟悦,译. 北京:法律

出版社,2008.
[83] 倪逸之. 大数据时代下传统媒体与新媒体的发展困境与趋势[J]. 新闻世界,2014(10):15.
[84] 彭兰. 新老媒体融合的关键[J]. 传媒,2016,4(下):6.
[85] 彭芸. 21世纪新闻学与新闻学研究[M]. 台北:双叶书廊有限公司,2008.
[86] 清博大数据新媒体指数团队. 中国传统媒体新闻客户端发展报告[J]. 青年记者,2016(4):10.
[87] 人民日报社. 融媒平台——中国媒体融合发展年度报告(2016—2017)[M]. 北京:人民日报出版社,2017.
[88] 人民网——国际频道. 中国传媒产业发展报告(2015)[J/OL]. [2015-05-09]. http://world. people. com. cn/n/2015/0509/c1002-26974554. html.
[89] 任慧. 内容联盟:报业内容产业创新路径探究[J]. 中国报业,2010(8):53-55.
[90] (日)鹫尾贤. 编辑力:从创意、策划到人际关系[M]. 杭州:浙江人民出版社,2013.
[91] 沈永. 市场经济与期刊编辑观念的转换——兼论传统计划经济对期刊业的负面影响[J]. 广西教育学院学报,1996(4):66-71.
[92] 史建华. 大数据驱动下的媒体融合4.0时代[J]. 传媒,2015,5(上):19.
[93] 水木然. 工业4.0大革命[M]. 北京:电子工业出版社,2016.
[94] 宋昭励. 新闻传播学中Convergence一词溯源及内涵[J]. 现代传播,2006,01:51-53.
[95] 搜狐科技频道. 网络视频双雄争霸:付费内容的春天来了吗?[EB/OL]. [2018-03-27]. http://www. sohu. com/a/226467418_223764.
[96] 苏兴秋. 报业如何应对新媒体的挑战——从报业到内容产业[M]. 广东:广东南方日报出版社,2007.
[97] 苏毅. 新媒体时代内容为王的发展趋势[J]. 出版参考,2010(1):20-23.
[98] 苏月. "内容为王"的历史语境与实际应用[J]. 艺术科技,2017,30(6):113.
[99] 孙昊亮. 全媒体时代新闻的著作权问题[J]. 知识产权,2015(11):92.
[100] 腾讯拿出12亿支持内容创作者,这是在为内容付费做准备吗?[EB/OL]. [2017-02-28]. http://36kr. com/coop/zaker/5065319. html? ktm_source=zaker.
[101] 托马斯·鲍德温,等. 大汇流:整合媒介、信息与传播[M]. 北京:华夏出版社,2000.

[102] 王兵. 媒体融合的主体无疑是互联网[J/OL]. [2015-8-25]. http://media.people.com.cn/n/2015/0825/c120837-27512135.html.
[103] 王芳芳. 编辑角色与工作的现代化转型思考[J]. 新媒体研究,2016(7):131.
[104] 王虎. 网络新闻侵犯著作权问题研究[J]. 社会科学家,2016(2):95-99.
[105] 王军. 新闻编辑研究[D]. 开封:河南大学,2002.
[106] 王俊本. 用互联网思维加强和改进舆论引导的思考[J]. 新闻爱好者,2014(10):5-8.
[107] 王立纲. 客户端成媒体融合发展新阵地[J]. 青年记者,2015(8):9-10.
[108] 王明轩. 即将消亡的电视网络化与互动视频时代的到来[M]. 北京:中国传媒大学出版社,2009:1.
[109] 王迁. 论《著作权法》中"时事新闻"的含义[J]. 中国版权,2014(1):18-21.
[110] 王迁. 知识产权法教程[M]. 4版. 北京:中国人民大学出版社,2014.
[111] 王青林. 论网络转载摘编作品应适用著作权法定许可制度[J]. 中州学刊,2015(12):55-59.
[112] 王显琴. 阅读时代报纸编辑人员的综合素养[J]. 新闻传播,2016(7):85.
[113] 王元卓,等. 网络大数据:现状与展望[J]. 计算机学报,2013,36(6):1127.
[114] 维克托·迈尔-舍恩伯格,肯尼思·库克耶. 大数据时代[M]. 盛杨燕,周涛,译. 杭州:浙江人民出版社,2013:1-9.
[115] 魏和平. 世界传媒巨子萨默·雷石东坦言:传媒未来,内容为王[EB/OL]. [2002-07-31]. http://www.china.com.cn/chinese/2002/Jul/181124.htm.
[116] 魏然,黄冠雄. 美英媒体融合现状与评析[J]. 华中师范大学学报(人文社会科学版),2015,54(6):116-123.
[117] 魏武挥,胡晓东. 只知其一不知其二:内容不为王[J/OL]. [2013-12-27]. http://www.tmtpost.com/86321.html.
[118] 魏莹. 从受众需求角度看电视新闻编辑如何创新[D]. 郑州:郑州大学,2006.
[119] 邬贺餘. 大数据时代的机遇与挑战[J]. 求是杂志,2013,4:47-49.
[120] 吴飞. 新闻编辑学教程[M]. 北京:高等教育出版社,2015.
[121] 吴汉东. 著作权制度合理使用研究. 北京:中国人民大学出版社,2013.
[122] 吴平. 编辑思想小叙[J]. 出版科学,2011(5):16-21.
[123] 吴文涛,张舒予. 技术创新视角下"媒体融合"动因、内涵及趋向[J]. 中国出版,2016,7(下):10.

[124] (西班牙)德利娅·利普希克. 著作权与邻接权[J]. 联合国教科文组织,译. 北京:中国对外翻译出版公司,2000.
[125] 肖叶飞. 媒介融合的多维内涵与新闻生产[J]. 新闻世界,2016,02:9.
[126] 熊澄宇,廖毅文. 新媒体——伊拉克战争中的达摩克斯之剑[J]. 中国记者,2003(5):52.
[127] 熊澄宇. 新媒体进行时[J]. 国际新闻界,2006(7).
[128] 徐柯. 媒介融合现象解析[D]. 南宁:广西师范学院,2011:7.
[129] 徐琴媛,等. 世界一流媒体研究[M]. 北京:中国广播电视出版社,2011.
[130] 严威. 新媒体环境下的编辑使命与责任[J]. 新闻传播,2016(7):102.
[131] 央广网. 李克强:"十三五"期间要促进大数据、云计算、物联网广泛应用[EB/OL]. [2015-05-09]. http://news.cnr.cn/native/gd/20160305/t20160305_521540653.shtml.
[132] 杨闯. 编辑主体意识与编辑职能转型[J]. 中国编辑,2011(5):27-31.
[133] 杨光宗. 编辑主体思维活动规律探讨[J]. 河南师范大学学报(哲学社会科学版),2006(4):211-213.
[134] 杨光宗. 精神文明建设中的编辑导向[J]. 编辑学刊,1997(2):19-21.
[135] 杨光宗. 试论编辑主体创造力的开发和培养[J]. 湖北民族学院学报(社会科学版),1995(3):32-36.
[136] 杨光宗. 文化缔构与编辑选择[J]. 出版科学,2005(6):12-14.
[137] 杨巧. 知识产权法[M]. 2版. 北京:中国政法大学出版社,2016.
[138] 尹欣,等. 云南文化发展蓝皮书(2009—2010)[M]. 昆明:云南大学出版社,2010.
[139] 余婷. 美国报纸网站付费墙的发展历程及模式探析[J]. 新闻记者,2012(7):37-42.
[140] 喻国明. 传媒发展:从"内容为王"到"产品为王"[J]. 新闻与写作,2008(3):17.
[141] 喻国明,王斌,李彪,等. 传播学研究:大数据时代的新范式[J]. 新闻记者,2013(6):22-27.
[142] 喻国明,等. 传媒经济学教程[M]. 北京:中国人民大学出版社,2009:252.
[143] 喻国明,曲欣悦,罗鑫,等. 试析传统媒体与新媒体的合作模式与操作要点[J]. 中国地质大学学报,2016,16(4):82.
[144] 喻国明,姚飞. 媒体融合的模式探索:三层交互架构的原理与实践[J]. 新闻爱好者,2014,11:8.

[145] 张岱年,方克力. 中国文化概论[M]. 北京:北京师范大学出版社,2004.
[146] 张馥洁. 融媒体时代广播新闻编辑发展战略研究[D]. 开封:河南大学,2013.
[147] 张光照. 媒体融合进程中的内容价值体系重构[D]. 广州:暨南大学,2015:6.
[148] 张宏. 媒介营销管理:智能化融媒时代的理论、政策与战略实践[M]. 北京:北京大学出版社,2000.
[149] 张继红. 谁是新媒体[M]. 北京:清华大学出版社,2008:33.
[150] 张素秋. 培育主体意识中青年编辑的历史使命感试析[J]. 编辑之友,1992(5):8-10.
[151] 张月.《人民日报》微信微博发展策略对传统融媒体合工作的启示[J]. 视听,2015(09):5-7.
[152] 赵健杰. 编辑主体意识的规定及其意义——兼论编辑的"精品"意识[J]. 中国劳动关系学院学报,2005(4):117-121.
[153] 郑成思. 版权法[M]. 北京:中国人民大学出版社,2009.
[154] 中共中央宣传部新闻局. 中国媒体融合发展的实践与探索[M]. 北京:学习出版社,2015.
[155] 中国互联网络信息中心. 第 38 次中国互联网发展状况统计报告[EB/OL]. [2016-08-03]. http://www.cnnic.cn/gywm/xwzx/rdxw/2016/201608/t20160803_54389.htm.
[156] 中国互联网络信息中心. 第 38 次中国互联网络发展状况统报告[EB/OL]. [2016-08-03]. http://www.cnnic.net.cn/hlwfzyj/hlwxzbg/hlwtjbg/201608/P020160803367337470363.pdf.
[157] 中央电视台大型纪录片《互联网时代》主创团队. 互联网时代[M]. 北京:北京联合出版公司,2015.
[158] 禚丽华. 数字出版时代编辑主体性的提升[J]. 东南传播,2017(4):145-147.
[159] Big Data. http://www.gartner.com/it-glossary/? s=big+data.
[160] BoF 时装商业评论. 新媒体的成败将由内容质量决定[EB/OL]. [2015-07-21]. http://cn.businessoffashion.com/2015/07/op-ed-new-meida-strategy-depends-on-quality-content-cn.html.
[161] CNNIC 发布第 38 次《中国互联网络发展状况统计报告》[J/OL]. [2016-08-03]. http://news.china.com.cn/txt/2016-08/03/content_39013310.htm.

[162] Francis Quetier. The CRISPR-Cas9 technology: Closer to the ultimate tool-kit for targeted genome editing[J]. Plant Science, 2016, 242.

[163] Inna Aphasizheva, Liye Zhang, Ruslan Aphasizhev. Investigating RNA editing factors from trypanosome mitochondria[J]. Methods, 2016.

[164] Ithiel de Sola Pool. Technologies of Freedom[M]. Cambridge: Harvard University Press, 1983: 24.

[165] J Arsenijevic, M Andevski. Media Convergence and Diversification-The Meeting of Old and New Media[J]. Procedia Technology. 2015(19): 1149-1155.

[166] John Flowerdew, Simon Ho Wang. Author's editor revisions to manuscripts published in international journals[J]. Journal of Second Language Writing, 2016.

[167] Josh Borland, Evan Hansen. The TV Is Dead Long Live the TV, Wired [EB/OL]. [2007-04-06]. https: // www.wired.com/2007/04/tvhistory-0406/.

[168] Loris Nanni, Aless, ra Lumini, Sheryl Brahnam. Weighted Reward-Punishment Editing[J]. Pattern Recognition Letters, 2016.

[169] Mateusz Pawlik, Nikolaus Augsten. Tree edit distance: Robust and memory-efficient[J]. Information Systems, 2016, 56.

[170] McKinsey Global Institute. Big data: The next frontier for innovation, competition, and productivity. [R/OL]. McKinsey & Company. 2011. http: // www.mckinsey.com/business-functions/digital-mckinsey/our-insights/big-data-the-next-frontier-for-innovation.

[171] Mikaela Behm, Marie Ohman. RNA Editing: A Contributor to Neuronal Dynamics in the Mammalian Brain [J]. Trends in Genetics, 2016, 32(3).

[172] Robert W, McChesney, Victor Pickard. Will the Last Reporter Please Turn out the Lights: The Collapse of Journalism and What Can Be Done To FixIt[M]. New York: The New Press, 2011.

[173] Xingliang Ma, Qinlong Zhu, Yuanling Chen, et al. CRISPR/Cas9 platforms for genome editing in plants: developments and applications[J]. Molecular Plant, 2016.